PONS

DER MITTERNACHTSMÖRDER

Mörderische Kurzkrimis

zum Deutschlernen

VERTRAULICH

von Emily Slocum

PONS GmbH
Stuttgart

PONS

DER MITTERNACHTSMÖRDER

Mörderische Kurzkrimis zum Deutschlernen

von Emily Slocum

Alle in diesem Buch geschilderten Handlungen und Personen sind frei erfunden. Ähnlichkeiten mit lebenden oder verstorbenen Personen wären rein zufällig.

PONS verpflichtet sich, den Zugriff auf die zu diesem Buch gehörige Vokabeltrainer-App mindestens bis Ende 2021 zu gewährleisten. Einen Anspruch der Nutzung darüber hinaus gibt es nicht.

2. Auflage 2019

PONS Online-Wörterbuch: www.pons.eu
E-Mail: info@pons.de

Projektleitung: Majka Dischler
Autorin: Emily Slocum
Redaktion: Leoni Röhr
Einbandgestaltung: Ilham Widmann, Stuttgart
Logoentwurf: Erwin Poell, Heidelberg
Logoüberarbeitung: Sabine Redlin, Ludwigsburg
Bildquellen: Umschlag: Ekspansio/iStockphoto; S. 3: Emily Slocum; S. 5: (Landkarte) AridOcean/Shutterstock, (Stecknadel) PONS GmbH; S. 17: Marco2811/Fotolia; S. 29: Robert_Ford/iStockphoto; S. 39: VogelSP/iStockphoto; S. 50: karnizz/iStockphoto; S. 60: Juergen Sack/iStockphoto; S.69: Alex Tor/Shutterstock; S. 80: eyetronic/Fotolia; S. 91: clearlens/Shutterstock; S. 102: Bjoern Deutschmann/ Shutterstock; S.114: haveseen/iStockphoto
Layout: Petra Michel, Gestaltung & Typografie, Essen
Satz: Datagroup Int. SRL, Timisoara
Druck: Multiprint GmbH

Printed in Europe.
ISBN: 978-3-12-562992-9

AUTORENINFO

Emily Slocum

Emily Maude Mary Slocum, Jahrgang 1987, ist Autorin, Theaterautorin und Lehrerin für Englisch. Sie wurde in Basel geboren und lebte dort bis 2006. Heute lebt und arbeitet sie als freie Autorin in Köln und schreibt an ihrem ersten Roman.

EINIGE WORTE VORAB …

Sie lesen gerne Krimis und möchten etwas für Ihr Deutsch tun?
Mit diesen spannenden Kurzkrimis frischen Sie Ihr Deutsch auf. Die verwendete Sprache passt genau zu Ihrem Lernniveau, und bietet die richtige Mischung aus neuen und bekannten Elementen.

Nicht nur Krimis lesen, sondern auch mehr über Land und Leute erfahren:
Im Anschluss an jede Geschichte finden Sie wissenswerte Informationen zu den **Tatorten und Schauplätzen**, an denen die Geschichten spielen.

Wo die einzelnen Tatorte liegen, können Sie in der **Landkarte** auf Seite 5 nachschauen.

Schwierigere Wörter sind auf jeder Seite in den **Fußnoten** erklärt. Im Anhang können Sie nochmals alle Wörter in einer alphabetischen **Wortliste** nachschlagen.

Alle Wörter, die in den Fußnoten erklärt sind, können Sie mit der **PONS Vokabeltrainer-App** üben. Gehen Sie einfach auf www.pons.de/kurzkrimis-de und laden Sie die App kostenlos auf Ihr Smartphone oder Tablet herunter oder benutzen Sie die Online-Version auf Ihrem PC!

INHALTSVERZEICHNIS

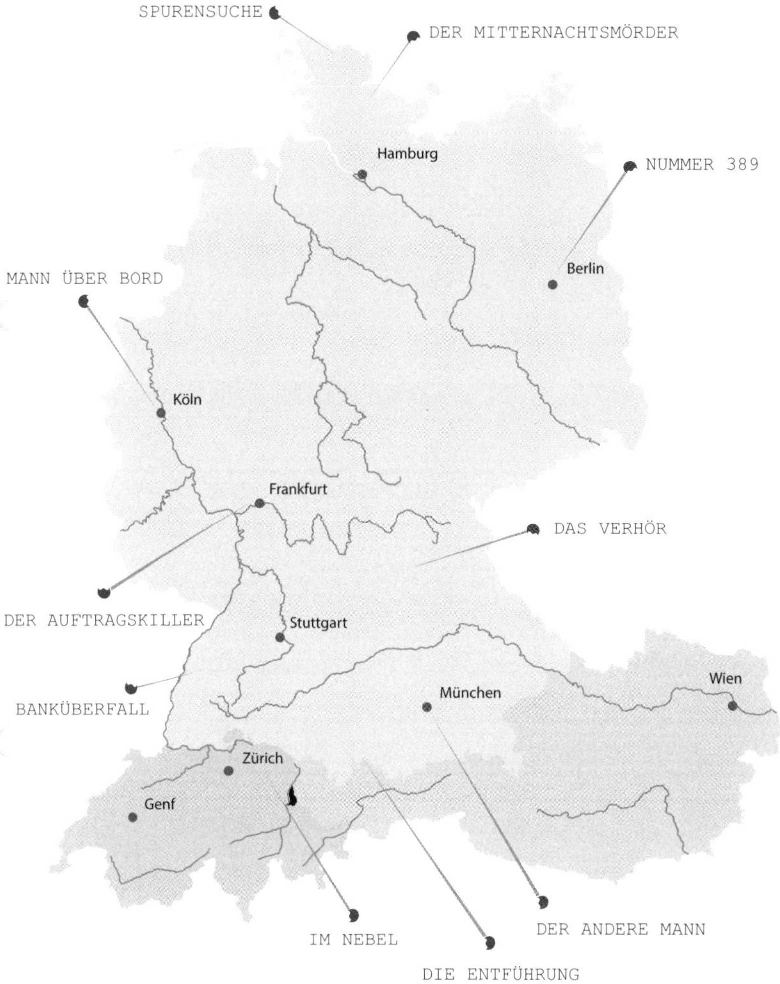
SPURENSUCHE
DER MITTERNACHTSMÖRDER
Hamburg
NUMMER 389
Berlin
MANN ÜBER BORD
Köln
Frankfurt
DAS VERHÖR
DER AUFTRAGSKILLER
Stuttgart
BANKÜBERFALL
München
Wien
Zürich
Genf
IM NEBEL
DER ANDERE MANN
DIE ENTFÜHRUNG

1. DER MITTERNACHTS-MÖRDER

Sven Martin saß in einem Café in der Kieler Innenstadt. Vor ihm auf dem Tisch stand eine dampfende Tasse Kaffee. Daneben lagen drei Tageszeitungen. Er lächelte, als er die **Schlagzeilen**[1] las. „Der Mitternachtsmörder **schlägt** wieder **zu**[2]!", „Mitternachtsmörder **verübt**[3] weitere Tat", „Kieler 'Mitternachtsmorde' gehen weiter – Serienkiller noch immer **auf freiem Fuß**[4]".

Sven blickte von den Zeitungen auf und sah sich um. Vor und neben ihm saßen drei weitere Gäste. Der junge Mann neben ihm tippte wie **besessen**[5] auf seinem Laptop herum. Das Pärchen vor ihm schaute sich verliebt in die Augen und **flüsterte**[6] miteinander.

Die beiden Verliebten hatten ihn zuerst nicht besonders gestört. Doch mit jeder Minute, die verging, wuchs sein Ärger. Warum, konnte er sich nicht genau erklären. Die beiden hatten ihm ja gar nichts getan.

Auch der junge Mann neben ihm nervte ihn. Dem jungen Mann war offenbar nicht bewusst, wie laut und störend das **Klackern**[7] seiner Tastatur war. Sven war kurz davor, ihn anzusprechen, als plötzlich die Kellnerin vor ihm stand und sich **räusperte**[8] : „Bei Ihnen alles recht?", fragte sie ihn.

„Ja, alles gut. Danke."

„Rufen Sie einfach, wenn Sie was brauchen."

1 **die Schlagzeile** – *besonders auffällige Überschrift in Zeitungen und Zeitschriften*
2 **zuschlagen** – *(hier:) aktiv werden*
3 **verüben** – *tun, ausführen*
4 **auf freiem Fuß** *(idiom.)* – *in Freiheit, nicht im Gefängnis*
5 **besessen** – *(hier:) wild*
6 **flüstern** – *leise sprechen*
7 **das Klackern** – *Geräusch, das entsteht, wenn man auf einer Tastatur schreibt*
8 **sich räuspern** – *(hier:) leicht husten, um auf sich aufmerksam zu machen*

„Ja, mach ich. Danke."

Die Kellnerin war Anfang bis Mitte Zwanzig. Sie hatte langes, dunkelbraunes Haar, das sie in einem **wuscheligen**[1] Pferdeschwanz trug. Da sie erst seit zwei Wochen in diesem Café arbeitete, hatte Sven noch nicht viel über sie erfahren können.

Als Nächstes ging die Kellnerin zu dem jungen Mann am Nebentisch und fragte, ob er noch etwas bestellen wolle, doch er antwortete nicht. Die Kellnerin fragte ihn ein zweites Mal. Ohne Erfolg. Der junge Mann sah noch nicht einmal hoch, sondern starrte auf den Bildschirm und tippte ruhig weiter. Da drehte sich die Kellnerin um, ging zu dem Pärchen hinüber und fragte, ob die beiden noch etwas bestellen wollten.

Gleichzeitig antworteten diese: „Einen Milchkaffee, bitte."

Die Kellnerin notierte sich die Bestellung und ging.

Noch eine ganze Weile **kicherte**[2] das Pärchen vor sich hin. Jetzt wusste Sven auch, warum die beiden ihn so nervten. Was war schon so erstaunlich daran, wenn man denselben Kaffeegeschmack hatte! Das war doch **albern**[3]! Die beiden aber **kriegten sich gar nicht mehr ein**[4]. „Wir sind **seelenverwandt**[5]."

„Ja, total! Wir sind **auf einer Wellenlänge**[6]." Der Mann strich seiner Freundin sanft über die Wange und küsste sie.

Sven **schauderte es**[7] in diesem Moment. Er fand diese öffentlichen Liebesbeweise peinlich und unangenehm. Sie waren überall, diese verliebten Paare. Im Park, auf den Straßen und in den Cafés und Geschäften. Händchenhaltend, Arm in Arm, küssend. Er hatte nie verstanden, wie man sich so in aller Öffentlichkeit benehmen konnte.

Doch er wusste, dass die meisten Menschen dieses Verhalten normal fanden, und dass seine Meinung eher nicht normal

1 **wuschelig (von Haaren)** – *dicht und oft etwas unordentlich*
2 **kichern** – *leise lachen*
3 **albern** – *dumm, lächerlich*
4 **sich nicht mehr einkriegen können (ugs.)** – *sich nicht beruhigen können*
5 **seelenverwandt** – *ähnlich in Gedanken und Gefühlen*
6 **auf einer Wellenlänge sein (idiom.)** – *sich gut verstehen*
7 **es schaudert jmdn.** – *jmd. schüttelt sich, weil er etwas schrecklich findet*

war. Sein Therapeut hatte ihm damals empfohlen, sich in eine **stationäre Therapie**[1] zu begeben, „...um seine Aggressionen und die Wut auf seine Mitmenschen besser in den Griff zu bekommen."

Auch er hatte Beziehungen gehabt. Einmal in seiner Jugend und dann noch einmal, als er Anfang zwanzig war. Beide Beziehungen hatten nur wenige Monate gehalten, doch das hatte ihm gereicht, um **sich eine Meinung** über Liebesbeziehungen zu **bilden**[2].

Beide Frauen hatten ihn verlassen und beide hatten ihm **vorgeworfen**[3], dass er zu kalt und distanziert gewesen wäre. Seine zweite Freundin hatte sogar gesagt, er wäre ihr unheimlich gewesen.

Tatsächlich mochte er es nicht, andere Menschen zu berühren oder zu küssen. Aber er unterhielt sich gerne mit ihnen, auch wenn er selbst mehr zuhörte, als er redete.

Wenn er einen Menschen interessant fand, konnte er sich intensiv mit ihm **auseinandersetzen**[4]. Dann **setzte er alles daran**[5], mehr über das Leben dieser Person zu erfahren.

Die Kellnerin brachte dem Paar die beiden Milchkaffees und lächelte Sven an, bevor sie zurück in die Küche ging. Er war ganz **berauscht**[6] von ihrem Lächeln. Ein Gefühl der Wärme breitete sich in ihm aus.

In den letzten zwei Wochen war Sven fast jeden Tag in diesem Café. Nicht weil ihm der Kaffee hier besonders gut geschmeckt hätte, sondern weil er mehr über die Kellnerin erfahren wollte. Schon als er sie das erste Mal gesehen hatte, hatte er sie interessant gefunden. Es fiel ihm schwer, sie nicht anzusehen und genau zu beobachten. Er nahm alles von ihr auf:

1 **die stationäre Therapie** – *längere Behandlung in einer Klinik*
2 **sich eine Meinung bilden** – *sich klarmachen, was man denkt und möchte*
3 **jmdm. etw. (Akk.) vorwerfen** – *jmdm. sagen, dass er etw. (Akk.) falsch gemacht hat*
4 **sich mit etw. (Dat.) auseinandersetzen** – *sich mit etw. (Dat.) gedanklich beschäftigen*
5 **alles daran setzen, etw. zu tun (idiom.)** – *alles versuchen, um etw. zu schaffen*
6 **berauscht** – *(hier:) sehr glücklich*

wie sie sich bewegte, wie sie sprach, wie sie auf andere reagierte. Sie hatte ein schönes Lächeln und schöne Augen. Und ihm gefiel, dass sie immer freundlich zu den Gästen war.

Sven drehte sich zu dem jungen Mann um. Der hatte jetzt auch noch angefangen zu telefonieren. Seine Stimme war laut und **aufdringlich**[1] und das nervte Sven noch mehr als das Getippe. Sven sah ihn missbilligend an. Doch der junge Mann lachte nur und **machte keine Anstalten**[2], Rücksicht auf die anderen Gäste zu nehmen. Er schien gar nicht zu merken, wie sehr er die anderen störte.

Als er zu Ende telefoniert hatte, schaute der junge Mann sich genervt nach der Kellnerin um und winkte sie heran.

„Ich hätte gern noch einen Cappuccino, ja? Kannst du dich diesmal auch etwas beeilen? Ich habe nämlich nicht den ganzen Tag Zeit."

Verdutzt[3] schaute die Kellnerin ihn an. Sven war kurz davor, etwas zu sagen, ließ es dann aber doch lieber. Er wollte keine **Aufmerksamkeit auf sich ziehen**[4].

„Ich hatte Sie vorhin gefragt, ob Sie etwas bestellen möchten."

„Ach, echt? Ich habe dich gar nicht gehört."

Die Kellnerin lachte nervös. „Ich stand direkt vor Ihnen."

„Dann musst du das nächste Mal lauter sprechen."

Die Kellnerin notierte sich die Bestellung. Dann ging sie an Sven vorbei und **verdrehte die Augen**[5], sodass nur er es sehen konnte.

Sven konnte sich ein **Grinsen**[6] nicht **verkneifen**[7]. Sie hatte ihn wahrgenommen. Nur er und sie wussten um diesen Moment.

1 **aufdringlich** – *zu direkt, zu neugierig, (hier:) so laut oder nah, dass die Gefühle anderer Menschen nicht respektiert werden*
2 **keine Anstalten machen (idiom.)** – *unwillig sein, etw. nicht tun wollen*
3 **verdutzt** – *erstaunt, überrascht*
4 **Aufmerksamkeit auf sich ziehen** – *sich so verhalten, dass die anderen einen beachten*
5 **die Augen verdrehen** – *nach oben gucken; zeigt an, dass einem etw. nicht gefällt*
6 **das Grinsen** – *breites Lächeln*
7 **sich etw. (Akk.) verkneifen** – *etw. (Akk.) unterdrücken*

„Gibt's da was zu grinsen?", schrie der junge Mann plötzlich Sven an. „Na, komm! Du meinst wohl, ich hätte das nicht gesehen."

Sven sagte noch immer nichts. Ihm war allerdings auch gar nicht aufgefallen, dass er immer noch grinste.

Er konnte spüren, wie der junge Mann ihn **mit seinen Blicken durchbohrte**[1], doch er sagte nichts.

„Ich rede mit dir. Hörst du schlecht?"

Sven starrte weiter auf die Titelseiten der Zeitungen, die vor ihm lagen.

Jetzt stand der junge Mann auf, ging zu Svens Tisch und stieß die Zeitungen vom Tisch.

„So", **blaffte**[2] er. „Wie gefällt dir das?"

Erst jetzt blickte Sven auf und sah dem jungen Mann direkt in die Augen.

Sein Gegenüber war sichtlich wütend.

In diesem Moment kam die Kellnerin wieder an den Tisch.

„Was ist denn hier los?", fragte sie.

„Du und der Typ hier denkt wohl, ihr könnt **euch** über andere **lustig machen**[3]?"

Die Kellnerin wurde sofort rot im Gesicht. Man sah, wie peinlich ihr das Ganze war.

„Es tut mir leid. Sie haben das ganz falsch verstanden."

„Soso. Und die Rechnung kannst du übernehmen. Dass wir uns dieses Mal richtig verstanden haben!"

Nun kam auch der Geschäftsführer an den Tisch.

„Man kann euch im ganzen Café hören. Was ist denn hier los?"

„Sie sind der Geschäftsführer?", fragte der junge Mann.

„Ja, der bin ich", sagte er und **verschränkte**[4] die Arme vor der Brust.

1 **jmdn. mit (seinen) Blicken durchbohren** – *jmdn. fixieren*
2 **blaffen** – *laut und unfreundlich sagen*
3 **sich über jmdn. lustig machen** – *über jmdn. lachen*
4 **die Arme verschränken** – *die Arme vor der Brust überkreuzen*

„Dann sagen Sie Ihren Angestellten bitte, Sie sollen auf Ihre **Manieren**[1] achten!"

„Wir entschuldigen uns für die **Unannehmlichkeiten**[2]. Die Rechnung übernehmen wir."

„Das will ich auch gehofft haben. Ich bin **angehender**[3] Anwalt. Sie haben Glück, dass ich Sie nicht **verklage**[4]!"

Der junge Mann packte seine Sachen zusammen und verließ das Café.

Endlich war es wieder still. Die Kellnerin stand reglos neben dem Geschäftsführer. Sie hatte Tränen in den Augen. Dann rannte sie in die Küche.

Der Geschäftsführer wollte ihr nach, aber Sven hielt ihn zurück.

„Lassen Sie sie. Sie beruhigt sich schon wieder."

Einige Minuten später verließ Sven das Café. Den restlichen Nachmittag verbrachte er damit, die Zeitungsartikel bei sich zu Hause auszuschneiden und in ein Album zu kleben. Er achtete sehr darauf, dass alles sauber und ordentlich aussah. Als er damit fertig war, legte er das Album zurück ins Bücherregal. ‚Wieder drei Artikel mehr', dachte er stolz. Und jeder Artikel war etwas ganz Besonderes für ihn. Noch waren zwanzig Seiten in seinem Album leer. Und er fragte sich, ob er es je schaffen würde, alle zu füllen. Ihm war klar, dass er irgendwann von der Polizei gefasst werden könnte. Aber noch hatten sie ihn nicht **erwischt**[5]. Und er nahm sich vor, jeden Augenblick in Freiheit zu genießen.

Am Abend spazierte er erneut am Café vorbei und sah, dass die Kellnerin gerade dabei war abzuschließen.

Sven überlegte, ob er einfach weitergehen sollte, doch dann blieb er stehen und grüßte sie.

Die Kellnerin drehte sich zu ihm um.

„Ach, hallo! Du schon wieder", sagte sie überrascht, aber freundlich.

1 **die Manieren (Pl.)** – *höfliches Verhalten*
2 **die Unannehmlichkeit** – *unangenehme, schwierige Situation*
3 **angehend** – *(hier:) im Studium*
4 **jmdn. verklagen** – *jmdn. vor Gericht bringen*
5 **jmdn. erwischen** – *jmdn. fassen, jmdn. fangen*

Sven lächelte. „Ich wollte dich nicht erschrecken."

„Du hast mich nicht erschreckt", sagte sie, „Wie geht's dir?"

„Wie es mir geht? Das sollte ich besser dich fragen. Wie geht es dir nach diesem Erlebnis heute im Café?", fragte Sven.

Sie **zuckte mit den Schultern**[1]. „Geht so. Das war mir so unangenehm."

„Ach was. Das war doch nicht deine Schuld. Der Typ ist eben ein kompletter Vollidiot. Das kann passieren, wenn man auf den Falschen trifft."

„Ich hätte die Augen nicht verdrehen dürfen. Das war mein Fehler."

„Ich an deiner Stelle hätte nicht nur die Augen verdreht", tröstete Sven sie.

Die Kellnerin lachte. „Ich bin Ella", sagte sie und streckte ihm die Hand entgegen.

Er nahm ihre Hand und schüttelte sie. „Sven", sagte er und merkte, wie seine Stimme vor **Nervosität**[2] zitterte.

„Machst du Feierabend?", fragte er sie, nur um etwas zu sagen. Es war ja ganz offensichtlich, dass ihr Arbeitstag zu Ende war.

„Ja. Und du?"

„Ich wollte etwas spazieren gehen."

„Schön. Ich muss da lang", sagte sie und wies in eine Richtung.

„Da wollte ich auch lang", sagte er.

Die beiden gingen nebeneinander her. Sven freute sich, dass er endlich mit Ella ins Gespräch gekommen war. „Wohnst du auch hier **in der Ecke**[3]?" fragte er sie.

„Ja, ich bin gerade hergezogen. Meine Wohnung ist noch voller Umzugskartons."

Ella lächelte verlegen. Als sie an eine Ampel kamen, sah sie Sven fragend an.

1 **mit den Schultern zucken** – *die Schultern kurz nach oben ziehen als Zeichen von Unwissen oder Resignation*
2 **die Nervosität** – *aufgeregter Zustand*
3 **in der Ecke (ugs.)** – *in der Gegend*

„Ich wollte die Straße runter", erklärte er.

„Da muss ich auch lang", sagte sie und die beiden überquerten die Straße.

An der Hausnummer 20 blieb Ella schließlich stehen. „Da wären wir."

Ella sah ihn noch einen Moment schweigend an. Dann sagte sie: „Ich geh dann mal rein. Du willst sicher auch weiter."

Sie verabschiedeten sie sich. Ella ging ins Haus und Sven weiter die Straße hinunter.

Am liebsten wäre er noch viel länger mit ihr herumspaziert und hätte sich mit ihr unterhalten. Aber er wusste, dass er nicht zu aufdringlich wirken durfte.

Auf dem Rückweg zu seiner Wohnung bog Sven erneut in Ellas Straße ein. An ihrem Wohnhaus blieb er stehen und schaute nach oben. Er konnte nicht anders – das **Verlangen**[1], ihr nahe zu sein, war einfach zu groß.

Sven betrachtete die fünf Stockwerke. Im zweiten Stock sah er mit Blumen bedruckte Vorhänge und wusste, dass das ihre Wohnung war. Er lächelte und wollte gerade weitergehen, als ein Polizeiwagen um die Ecke fuhr. Sven **stockte** kurz **der Atem**[2]. Der Polizist schaute aus dem Fenster und **musterte**[3] ihn. Doch der Wagen hielt nicht an, sondern fuhr **mit unverminderter Geschwindigkeit**[4] an ihm vorbei.

Den Rest des Weges ging Sven etwas schneller.

Am übernächsten Tag saß er wieder im Café. Ellas Schicht begann samstags immer um 11 Uhr. Doch als sie um 12.30 Uhr noch immer nicht da war, begann er, sich Sorgen zu machen.

Er ging sogar zweimal vor die Tür und tat so, als ob er telefonieren musste, um zu schauen, ob Ella nicht gleich um die Ecke biegen würde. Doch sie kam und kam nicht.

1 **das Verlangen** – *starker Wunsch*
2 **jmdm. stockt der Atem** – *jmd. bekommt vor Schreck kurz keine Luft*
3 **jmdn. mustern** – *jmdn. genau ansehen*
4 **mit unverminderter Geschwindigkeit** – *genauso schnell wie vorher*

Um 14 Uhr und vier Milchkaffees später zahlte er und ging in Richtung ihrer Wohnung.

Die Vorhänge waren zugezogen. Er fühlte, dass hier etwas nicht stimmte. Also ging er zur Eingangstür, las die Namensschilder und klingelte bei E. Ahrens. Alle anderen Bewohner hatten keinen Vornamen, der mit E anfing.

Einen Moment später klang aus dem Lautsprecher Ellas Stimme. „Ja? Wer ist da?"

Sven überlegte, ob er sagen sollte, er sei vom Paketdienst, aber er entschied sich dagegen.

„Hallo, ich bin's. Sven."

„Sven?", fragte die Stimme verdutzt. „Ach ja. Hallo. Was machst du denn hier?"

„Ich wollte nur nach dir sehen. Du warst heute nicht im Café."

„Mir geht es heute nicht so gut. Ich bin **krankgemeldet**[1]."

„Das tut mir leid. Kann ich was für dich tun?"

„Nee, danke. Ich komme schon zurecht", sagte Ella schnell. Sven spürte, dass sie versuchte, ihn **abzuwimmeln**[2].

„Dann wünsche ich dir gute Besserung", sagte Sven. Als er sich schon abwandte, hörte er plötzlich **im Hintergrund**[3] durch den Lautsprecher eine Männerstimme:

„Süße? Wer ist es denn? Komm zurück ins Bett, ja?"

Plötzlich hatte Ella es sehr eilig, Sven **loszuwerden**[4]. Sven war geschockt. Sie hatte ihn angelogen. Sie war also gar nicht krank! Einen Moment lang stand er noch **wie angewurzelt**[5] auf der Treppe. Er spürte die Wut in sich **aufsteigen**[6]. Wie hatte er sie nur derart falsch **einschätzen**[7] können? Sven war der festen Überzeugung gewesen, dass sie ihn mochte. Sie hatte ihn doch

1 **krankgemeldet** – *krank und der Arbeitgeber weiß davon*
2 **jmdn. abwimmeln** – *jmdm. deutlich machen, dass man nicht mehr mit ihm sprechen will*
3 **im Hintergrund** – *weniger wichtig/deutlich, aber doch da*
4 **jmdn. loswerden** – *jmdn. wegschicken*
5 **wie angewurzelt** – *ohne sich zu bewegen, vor Verwunderung oder Schreck*
6 **aufsteigen (von Gefühlen)** – *kommen, anfangen*
7 **jmdn. einschätzen** – *sich eine Meinung über jmdn. bilden*

angelächelt und sich mit ihm unterhalten. Wie sehr er sich doch in ihr getäuscht hatte! Sie war genauso wie alle anderen, dachte er sich. Sein Entschluss stand fest: Ella musste bestraft werden.

Schnell ging er nach Hause, packte alles Notwendige in seine Sporttasche und wartete darauf, dass es Abend wurde. Als er später an der Kreuzung ankam, sah er zu seiner großen Überraschung den jungen Mann, der gestern im Café neben ihm gesessen hatte. Er war gerade dabei, etwas in sein Handy zu schreien. Er war sehr wütend und offenbar hatte er wieder jemanden gefunden, **an** dem er **seine Wut auslassen**[1] konnte. Sven beobachtete, wie er in eine Seitenstraße abbog, und überlegte, ob er ihn auch bestrafen sollte. Aber dafür hatte er jetzt keine Zeit.

Als er bei Ellas Haus ankam, schaute er auf die Uhr. Es war 23.40 Uhr. Das Timing war perfekt. Alle Wohnungen waren schon dunkel, nur in Ellas Wohnung brannte noch Licht. Hinter dem Vorhang konnte er zwei **Umrisse**[2] erkennen. Es waren Ella und ihr Freund, die sich küssten.

Sven schauderte es bei diesem Anblick und seine Wut über ihre Lüge **flammte** von Neuem **auf**[3]. Vorsichtig blickte er sich um, aber es war niemand zu sehen.

Zuerst zog er sich Handschuhe an, um keine **Fingerabdrücke**[4] zu hinterlassen. Dann ging er zur Eingangstür und klingelte.

„Ja, wer ist da?“, fragte Ella durch den Lautsprecher.

„Lieferdienst“, sagte Sven mit **verstellter**[5] Stimme.

„Da sind Sie hier falsch. Wir haben gar nichts bestellt“, sagte Ella verwundert.

„Hier steht E. Ahrens, Körnerstraße 20.“

„Nein, wir haben definitiv nichts bestellt.“

„Aber hier steht es doch“, **beharrte**[6] Sven.

1 **seine Wut an jmdm. auslassen** – *unfair zu jmdm. sein, weil man wütend ist*
2 **der Umriss** – *Linie, Kontur einer Person oder eines Objektes*
3 **aufflammen** – *stärker werden*
4 **der Fingerabdruck** – *Spur, die die Finger hinterlassen*
5 **verstellt** – *künstlich hoch oder tief*
6 **beharren** – *wiederholen*

„Na komm. Lass ihn rein. Ich habe tatsächlich Hunger. Du nicht?", sagte die Männerstimme.

„Na gut", sagte Ella und drückte auf den Türöffner.

Sven ging durch die Eingangstür und schloss die Tür vorsichtig hinter sich. Gleich neben der Tür blieb er stehen, sodass man ihn von oben nicht sehen konnte. Ella rief in den Gang hinaus. „Hallo? Sind Sie noch da?"

Als alles still blieb, schloss Ella die Wohnungstür wieder.

Sven ging vorsichtig die Treppen hoch und **horchte**[1] an Ellas Wohnungstür. Er hörte den Fernseher laufen und Ella lachen. Es war jetzt 23.50 Uhr. Leise nahm er sein Werkzeug zur Hand und begann, **das Schloss** zu **knacken**[2]. Als die Wohnungstür aufsprang, schaute er noch einmal auf die Uhr. Es war 23.53 Uhr. Alles verlief nach Plan. Sven öffnete seine Sporttasche und nahm ein Messer heraus.

Dann betrat er die Wohnung und drückte die Tür hinter sich zu. Der Rest war Routine.

Als Sven am nächsten Tag aufstand, fühlte er sich befreit. Er hatte das Gefühl, als **fiele** ihm ein **Stein vom Herzen**[3].

Er setzte sich an den Küchentisch, faltete die Tageszeitung auseinander und las die Schlagzeile: „Das **Grauen**[4] geht weiter – der Mitternachtsmörder nimmt jungem Liebespaar das Leben!"

Aufgeregt las er den Bericht. Die Polizei hatte alle Details herausgefunden: wie er in die Wohnung **eingedrungen**[5] war und Ella und ihren Freund mit mehreren Messerstichen in die Brust getötet hatte. Selbst den Todeszeitpunkt hatte die Polizei genau bestimmt. Gegen Mitternacht. So wie immer.

Sven wollte noch weiterlesen, doch da hörte er ein Geräusch aus seinem Badezimmer. **Widerwillig**[6] legte er die Zeitung weg, stand auf und ging ins Bad. Als er die Tür aufmachte, lag der

1 **horchen** – *aufmerksam zuhören*
2 **das Schloss knacken** – *einbrechen, das Türschloss ohne Schlüssel aufmachen*
3 **jmdm. fällt ein Stein vom Herzen (idiom.)** – *jmd. ist sehr erleichtert*
4 **das Grauen** – *furchtbare Taten, Horror*
5 **in etw. (Akk.) eindringen** – *etw. (Akk.) ohne Erlaubnis und mit Gewalt betreten*
6 **widerwillig** – *gegen seinen Willen, ohne große Lust*

junge Mann aus dem Café gefesselt auf dem Fußboden. Sein Gesicht war voller blauer Flecken und Blut, und über seinem Mund klebte ein großes Stück **Klebeband**[1]. Dennoch versuchte er, so laut wie möglich zu schreien.

„Ruhe!", **fuhr** Sven ihn **an**[2]. „Du bist erst heute Nacht dran."

Kieler Hörn

Die Kieler Hörn ist die Hafenspitze von Kiel. Sie liegt am Ende einer Meeresbucht, der Kieler Förde. Sie ist circa 17 km lang und reicht bis ins Landesinnere.

Die Hörnbrücke stellt eine wichtige Verbindung zwischen dem Kieler West- und Ostufer dar. Um die großen Schiffe durchzulassen, „faltet" sie sich mehrmals am Tag zusammen.

Die Skyline Kiels und der Kieler Hafen sind von der Hörnbrücke aus sehr gut zu sehen. Hier finden regelmäßig Open-Air-Veranstaltungen statt, wie zum Beispiel zur Kieler Woche. Die Kieler Woche ist eines der größten Segelsporteignisse der Welt und findet einmal im Jahr statt.

1 **das Klebeband –** *Plastikstreifen von der Rolle, benutzt man z. B. zum Zukleben von Paketen*
2 **jmdn. anfahren –** *(hier:) mit jmdm. schimpfen*

2. MANN ÜBER BORD

Aurelia Velasco schob Herrn Altenburg im Rollstuhl zur **Landebrücke**[1] der Köln-Düsseldorfer Rheinschifffahrt in Koblenz. Es war ein bewölkter, grauer Morgen und Aurelia fragte sich, ob es heute noch regnen würde. Am Schiff stand schon eine kleine Gruppe älterer Damen und Herren. Einige schoben einen **Rollator**[2] vor sich her.

Herr Altenburg war ein **störrischer**[3] und unfreundlicher Mensch. Er war fast achtzig Jahre alt, aber das hinderte ihn nicht daran, Aurelia herumzukommandieren und zu beschimpfen.

Ihre Chefin hatte ihr erzählt, dass er schon immer ein schwieriger Mensch gewesen war. Vor ihr hatte er bereits acht Pflegerinnen und zwei Pfleger **vergrault**[4]. Keine ihrer Kolleginnen wollte ihn deshalb als Patienten übernehmen. Aurelia war seine letzte Chance. Wenn es wieder nicht klappte, würde er in ein Pflegeheim kommen.

Seine **Wutanfälle**[5] hatten ihn schon oft in Schwierigkeiten gebracht. Als junger Mann war er so **gewalttätig**[6], dass er schon zweimal im Gefängnis gesessen hatte. Kurz bevor er das zweite Mal ins Gefängnis kam, hatte sich seine Frau von ihm getrennt.

Einen Monat nach seiner Entlassung fand man seine Frau tot in ihrer Wohnung. Man stellte fest, dass sie erst geschlagen und dann **erwürgt**[7] worden war. Herr Altenburg wurde unter Mordverdacht gestellt und festgenommen. Er gestand die Tat kurze Zeit später

1 **die Landebrücke** – *Brücke zwischen Ufer und Schiff*
2 **der Rollator** – *Gehwagen mit Rollen, fahrbare Gehhilfe*
3 **störrisch** – *mit einem sehr starken Willen, kompromisslos*
4 **jmdn. vergraulen** – *jmdn. so ärgern, dass er geht*
5 **der Wutanfall** – *plötzliche, starke Wut*
6 **gewalttätig** – *brutal, aggressiv*
7 **jmdn. erwürgen** – *jmds. Hals mit beiden Händen umfassen und so lange zudrücken, bis er stirbt*

und wanderte noch einmal ins Gefängnis, dieses Mal für ganze fünfundzwanzig Jahre. Als er wieder aus dem Gefängnis kam, war er schon Ende sechzig. Von nun an lebte er alleine in Koblenz.

Er hatte keine Freunde, sondern nur Bekannte, die er regelmäßig in der Kneipe traf. Damals trank er sehr viel, weil es das Einzige war, was ihn **aufheitern**[1] konnte, aber durch die Einnahme von Schmerzmitteln und anderen Medikamenten, war es ihm mittlerweile verboten, Alkohol zu trinken.

Aurelia erfuhr auch, dass er zwei Söhne hatte. Doch sobald sie seine Söhne erwähnte, schrie er sie an und verbot ihr, über sie zu sprechen. „**Halt die Klappe!**[2] Das **geht** dich gar **nichts an**[3], verstanden? Putz lieber irgendetwas – **mach dich nützlich**[4]!"

In den zwei Monaten, in denen sie bei ihm arbeitete, hatte sich keiner der beiden bei ihm gemeldet. Aurelia konnte gut verstehen, warum sie nichts mehr mit ihm zu tun haben wollten. Schließlich hatte er ihre Mutter umgebracht.

Aurelia hatte schon einiges erlebt. Seit über zwölf Jahren arbeitete sie nun als Altenpflegerin. In dieser Zeit hatte sie schon viele verschiedene Menschen betreut. Aber so jemand wie Herr Altenburg war ihr noch nie begegnet. Sie sagte sich immer wieder, dass Herr Altenburg nur ein einsamer, alter Mann war, und versuchte, seine **hasserfüllten**[5] Sätze nicht persönlich zu nehmen, aber es gelang ihr nicht immer. Einmal hatte er sie so beleidigt, dass sie sich ins Badezimmer einschloss, um **sich auszuweinen**[6]. Als sie nach einer halben Stunde wieder herauskam, fand sie ihn schlafend im Rollstuhl. Still stand sie da und **betrachtete**[7] ihn nachdenklich. Wie konnte jemand, der so friedlich schlief, nur so böse sein? Aber vermutlich, so dachte sie sich, sahen alle Menschen friedlich aus, wenn sie schliefen.

1 **jmdn. aufheitern** – *jmdn. fröhlich machen, die Sorgen vergessen lassen*
2 **Halt die Klappe! (ugs., sal.)** – *Halt den Mund! Sei still!*
3 **jmdn. nichts angehen** – *uninteressant/unwichtig für jmdn. sein*
4 **sich nützlich machen** – *behilflich sein, helfen*
5 **hasserfüllt** – *voller Hass*
6 **sich ausweinen (bei schweren Sorgen)** – *so lange weinen, bis man sich besser fühlt*
7 **jmdn./etw. betrachten** – *jmdn./etw. lange und gründlich anschauen*

Kurz bevor alle **an Bord gingen**[1], schimpfte Herr Altenburg, dass er keine Lust auf eine Schifffahrt habe. Heute war er wirklich besonders schlecht gelaunt. Vor wenigen Tagen hatte Aurelia den Vorschlag gemacht, eine Schiffstour nach Rüdesheim zu machen. Anstatt direkt zu meckern, hatte er nur mit den **Schultern gezuckt**[2]. Aurelia hatte das als ein ‚Ja' verstanden.

Eine Woche später waren sie nun kurz davor, an Bord zu gehen, doch jetzt **weigerte**[3] er **sich**!

„Was in aller Welt tust du mit mir, du dumme Kuh! Ich will nicht auf dieses blöde Schiff, kapiert?"

Aurelia versuchte, ihm **gut zuzureden**[4] und ihn daran zu erinnern, dass er damit einverstanden gewesen war.

„Nein, nein, nein! Du lügst! Du bist eine Lügnerin!"

Aurelia wusste einen Moment lang nicht, was sie tun sollte. Sie standen bereits mit den Vorderrädern auf der Landebrücke. Und jetzt rief eine Schiffsmitarbeiterin auch noch: „Steigen Sie noch ein?"

Aurelia nickte und schob den Rollstuhl weiter die Landebrücke hoch. Sofort begann Herr Altenburg zu schreien.

„Hilfe! Hilfe! Diese Frau **entführt**[5] mich!"

Die Schiffsmitarbeiterin schaute Aurelia **prüfend**[6] an.

„Ich bin Altenpflegerin. Das ist mein Patient", sagte sie und zeigte ihren Ausweis.

Nun lächelte die Schiffsmitarbeiterin verständnisvoll. „Haben Sie ihre Fahrkarten dabei?"

Aurelia nahm die Fahrkarten aus ihrer Handtasche und gab sie ihr.

Die Mitarbeiterin sah Herrn Altenburg an und meinte freundlich: „Das wird Ihnen bestimmt Spaß machen. Nachher soll das Wetter auch noch etwas besser werden."

1 **an Bord gehen** – *in ein Schiff steigen*
2 **mit den Schultern zucken** – *die Schultern kurz nach oben ziehen, Zeichen von Unwissen oder Resignation*
3 **sich weigern** – *erklären, dass man etw. nicht tun will*
4 **jmdm. gut zureden** – *jmdn. mit freundlichen Worten zu überreden versuchen*
5 **jmdn. entführen** – *eine fremde Person gegen ihren Willen mitnehmen*
6 **prüfend** – *skeptisch, kritisch, vorsichtig*

Aber Herr Altenburg **verzog** nur **missmutig**[1] **das Gesicht**[2]. „Das ist mir scheißegal! Ich will nicht auf dieses blöde Schiff, klar?"

Es war Aurelia sehr unangenehm, wie er sie vor allen anderen beleidigte. Sie entschuldigte sich und schob den Rollstuhl ins Innere des Schiffes.

Die besten Plätze am Fenster waren schon besetzt. Deshalb entschied sich Aurelia, nach draußen an **Deck**[3] zu gehen. Herr Altenburg hatte aufgehört zu meckern, aber sie konnte ihm ansehen, dass ihm das alles überhaupt nicht passte.

„Ich habe eine Fahrt nach Rüdesheim und zurück gebucht. Heute Abend sind wir wieder zurück und fahren dann mit dem Taxi nach Hause", sagte Aurelia.

„**Hau** einfach **ab**[4]!", schrie Herr Altenburg sie an. „Ich kann dich nicht mehr ertragen."

Wenn sie gekonnt hätte, wäre sie bestimmt schon längst gegangen. Aber das ging nun einmal nicht.

Vor vier Jahren war Herr Altenburg nachts in die Kneipe gegangen. Danach war er betrunken nach Hause gegangen, **gestolpert**[5] und die Treppe hinuntergefallen. Dabei hatte er **sich einen Oberschenkelhalsbruch zugezogen**[6]. Mit dem Laufen war es damit für ihn vorbei. Von diesem Tag an saß er im Rollstuhl und brauchte ständige Betreuung – eine Situation, mit der **sich** Herr Altenburg einfach nicht **abfinden**[7] konnte. Von da an wurde er immer unerträglicher und auch unberechenbarer für seine Umwelt. Deswegen durfte Aurelia ihn nie lange aus den Augen lassen.

Der Schiffskapitän begrüßte die Passagiere über Lautsprecher, erklärte die Strecke und wünschte allen eine angenehme Fahrt. Aurelia setzte sich auf eine Bank neben Herrn

1 **missmutig** – *schlecht gelaunt, verärgert*
2 **das Gesicht verziehen** – *eine Grimasse schneiden*
3 **das Deck** – *flache Oberseite eines Schiffes*
4 **abhauen (ugs., sal.)** – *verschwinden, weggehen*
5 **stolpern** – *die Füße so schlecht setzen, dass man hinfällt*
6 **sich (Dat.) einen Oberschenkelhalsbruch zuziehen** – *sich (Dat.) das Bein am oberen Ende brechen*
7 **sich mit etw. (Dat.) abfinden** – *etw. (Akk.) akzeptieren*

Altenburg und legte ihm eine Decke über die dünnen Beine, denn auf dem Schiff ging ein kühler Wind. Herr Altenburg schaute sie nur böse an. Dann **legte** das Schiff **ab**[1] und fuhr in ruhigem Tempo **stromaufwärts**[2]. Herr Altenburg sagte noch immer nichts. Unbeweglich saß er da und schaute nach vorn.

Erst als Aurelia endlich selber saß, merkte sie, wie müde sie war. Sie war ja auch schon seit 5 Uhr morgens auf den Beinen.

Viele Kolleginnen hatten ihr davon abgeraten, diesen Ausflug zu machen, aber sie wollte ihm unbedingt etwas Gutes tun. Sie glaubte eben einfach an das Gute im Menschen. Ihrer Meinung nach war niemand wirklich böse. Sie war sich sicher, dass auch Herr Altenburg seine guten Seiten zeigen würde, wenn sie nur lange genug freundlich zu ihm war. Doch bisher hatte sich seine negative Haltung **nicht im Geringsten**[3] gerändert.

Aurelia **unterdrückte**[4] ein Gähnen, doch Herr Altenburg hatte schon bemerkt, wie erschöpft sie war. Es war, als hätte er nur auf eine Gelegenheit gewartet, wieder an ihr herumzumeckern.

„Du faules Stück! Erst **schleppst**[5] du mich hierhin und dann **pennst** du einfach **ein**[6]. Du sollst hier keinen Urlaub machen, klar? Du arbeitest schließlich für mich!"

Aurelia beachtete ihn gar nicht, sondern lehnte sich gegen die **Reling**[7] und schloss die Augen. Einige Sonnenstrahlen durchbrachen die Wolken und wärmten ihr Gesicht. Aurelia lächelte. Vielleicht würde es ja doch noch ein guter Tag werden.

„Ich will rein!", befahl Herr Altenburg da.

„Aber die Sonne scheint. Schauen Sie mal", sagte Aurelia und zeigte mit der Hand auf den Himmel. Doch Herr Altenburg packte sie am Arm, riss ihn nach unten und hielt ihn ganz fest.

1 **ablegen (von Schiffen)** – *losfahren*
2 **stromaufwärts** – *gegen die Fließrichtung des Wassers*
3 **nicht im Geringsten** – *überhaupt nicht*
4 **etw. (Akk.) unterdrücken** – *eine spontane Handlung (wie z. B. ein Gähnen) vermeiden*
5 **jmdn. schleppen (ugs.)** – *jmdn. gegen seinen Willen mitnehmen*
6 **einpennen (ugs.)** – *einschlafen*
7 **die Reling** – *Geländer an Deck eines Schiffes*

„Lassen Sie los! Sie tun mir weh!", sagte Aurelia.

„**Geschieht dir recht!**[1] Vielleicht wirst du dann endlich vernünftig und tust, was ich dir sage!"

Mit einiger Mühe löste sich Aurelia aus seinem Griff. Unglaublich, welche Kraft dieser alte Mann doch noch hatte! Ihr Arm war ganz rot.

Herr Altenburg sah sie weiter böse an. In seinen Augen lag **abgrundtiefer**[2] Hass. „**Das hast du davon!**[3] Du faules Stück!"

Aurelias Augen füllten sich mit Tränen.

„**Heul**[4] doch! Na los!", sagte er.

Aurelia **riss sich zusammen**[5] und wischte sich die Tränen aus dem Gesicht. „Wie Sie wollen. Dann setzen wir uns jetzt rein."

Aurelia schob den Rollstuhl ins Innere des Schiffes und stellte ihn neben eine Gruppe von älteren Damen, die Karten spielten.

Die Frauen grüßten Aurelia freundlich und fragten Herrn Altenburg, ob er gerne mitspielen würde. Doch er schaute nur **desinteressiert**[6] weg. Aurelia entschuldigte sich bei den Damen und setzte sich neben ihn.

„Was in aller Welt ist denn mit Ihnen los? Jetzt reißen Sie sich aber mal ein bisschen zusammen!", **ermahnte**[7] ihn Aurelia.

„Warum sollte ich?", **schnaubte**[8] Herr Altenburg.

Aurelia sagte ihm, er solle leiser sprechen, doch er regte sich immer mehr auf.

Also stand Aurelia wieder auf und schob ihn schnell nach draußen.

„So! Hier geht es Ihnen, glaube ich, besser. In einer Stunde gibt es Mittagessen. Bis dahin bleiben wir hier."

1 **Geschieht dir recht! (ugs.)** – *Das ist nur die gerechte Strafe für dein Verhalten!*
2 **abgrundtief** – *bodenlos, sehr tief*
3 **Das hast du davon! (ugs.)** – *Das ist nur die gerechte Strafe für dein Verhalten!*
4 **heulen** – *laut und heftig weinen*
5 **sich zusammenreißen** – *seine Gefühle, Mimik und Gestik kontrollieren*
6 **desinteressiert** – *nicht interessiert, gelangweilt*
7 **jmdn. ermahnen** – *jmdn. daran erinnern, wie er sich zu verhalten hat*
8 **schnauben** – *Luft durch Nase und Mund ausstoßen (als Zeichen von Wut)*

Er versuchte, selbst den Rollstuhl zu bewegen, aber er kam nicht von der Stelle. Aurelia hatte bereits die Bremse **angezogen**[1]. Er **fluchte**[2] noch einige Male, doch dann wurde er endlich müde und schlief in seinem Rollstuhl ein.

Aurelia kämpfte noch eine Weile gegen die Müdigkeit, aber irgendwann fielen auch ihr die Augen zu und sie **nickte ein**[3].

Als sie wieder aufwachte, war es Nachmittag. Der Himmel war jetzt **strahlend blau**[4], und die Sonne brannte auf sie herunter. Aurelia schaute auf ihre Uhr. Es war 14.00 Uhr. Erschrocken stellte sie fest, dass Herr Altenburg nicht mehr an Deck war.

Sie stand auf und schaute sich um.

„Hier ist er!", rief ihr eine Stimme aus dem Schiffsinneren zu. Eine der älteren Damen von vorhin winkte ihr zu und zeigte mit dem Finger neben sich. Tatsächlich saß Herr Altenburg mit den Damen am Tisch.

„Verzeihen Sie uns. Wir haben Wilhelm einfach entführt", sagte die Dame zu Aurelia.

Aurelia schaute Herrn Altenburg an. Doch er beachtete sie gar nicht, sondern **starrte** nur **vor sich hin**[5].

„Setzen Sie sich doch. Er wollte uns nicht verraten, wie Sie heißen."

„Aurelia", sagte sie und lächelte. Es war ihr nicht recht, dass die Damen ihn einfach reingeschoben hatten, ohne ihr Bescheid zu sagen. Doch **immerhin**[6] war er jetzt offenbar besser gelaunt.

Kurz darauf verstand Aurelia auch, warum seine Laune sich so stark gebessert hatte. Vor ihm standen ein halbleeres Bierglas und ein leeres **Schnapsglas**[7]!

„Haben Sie etwa getrunken?", fragte sie **entgeistert**[8].

Er tat, als hätte er sie nicht gehört.

1 **anziehen** – *(hier:) befestigen, hochziehen*
2 **fluchen** – *schimpfen, unhöfliche Wörter benutzen*
3 **einnicken** – *einschlafen*
4 **strahlend blau** – *ganz blau, ohne eine Wolke*
5 **vor sich hinstarren** – *unbeweglich geradeaus schauen*
6 **immerhin** – *wenigstens, zumindest*
7 **das Schnapsglas** – *kleines Glas für starken Alkohol wie Schnaps*
8 **entgeistert** – *sehr erschreckt, geschockt*

„Wir haben nur ein oder zwei Bier zum Essen getrunken“, antwortete eine der Damen. „Ach, und noch zwei **Kurze**[1]!“

Die Damen lachten **verlegen**[2] und er **grinste**[3] **hämisch**[4]. Aurelia konnte ihre Wut nicht länger verbergen.

„Sie hätten mich vorher fragen sollen. Sie wissen doch gar nicht, ob er Alkohol trinken darf oder nicht! Das verträgt sich nicht mit seinen Medikamenten!“

Die Damen sagten gar nichts mehr und sahen auf einmal sehr besorgt aus. „Es tut uns sehr leid. Das wussten wir nicht.“

Erst jetzt fing Herr Altenburg an zu sprechen. „Hören Sie nicht auf sie, meine Damen. Sie hat keine Ahnung, wovon sie spricht. Sie **ist nicht die Hellste**[5], wenn Sie verstehen, was ich meine.“

Jetzt reichte es Aurelia aber. Sie wollte etwas sagen, doch er ließ sie gar nicht zu Wort kommen. Also ging sie nach draußen an Deck.

Sie konnte sich nicht erinnern, jemals von einem ihrer Patienten derart schlecht behandelt worden zu sein.

Als sie wieder ins Schiffsinnere schaute, sah sie, wie Herr Altenburg noch ein Bier **in einem Zug**[6] leerte und sich noch einen Schnaps **einschenkte**[7].

„Soll er sich doch umbringen“, dachte sie. Sie setzte sich. Obwohl sie das sonst nie bei der Arbeit tat, nahm sie jetzt ihre Zigaretten heraus und rauchte.

Da kam eine der Damen nach draußen und setzte sich neben sie.

„Darf ich eine haben?“, fragte sie. Aurelia gab ihr eine Zigarette und das Feuerzeug. Die ältere Dame zündete sich die Zigarette an, legte den Kopf zurück und nahm einen tiefen Zug.

1 **der Kurze** – *starker Alkohol, der in kleinen Gläsern serviert wird*
2 **verlegen (in einer peinlichen Situation)** – *unsicher*
3 **grinsen** – *breit lächeln*
4 **hämisch** – *böse, voller Freude über den Schaden einer anderen Person*
5 **nicht die/der Hellste sein (ugs.)** – *dumm sein*
6 **in einem Zug** – *auf einmal, ohne Pause*
7 **sich (Dat.) etw. (Akk.) einschenken** – *sich (Dat.) etw. (Akk.) einschütten*

„Danke. Das tut gut. Eigentlich soll ich ja nicht rauchen."

Aurelia schaute sie erschrocken an, aber noch bevor sie etwas sagen konnte, redete die Frau schon weiter.

„Wissen Sie, genau darum geht es. In unserem Alter sollten wir nichts anderes mehr tun als essen, spazieren gehen, Karten spielen, fernsehen und schlafen."

„Natürlich, Sie wollen doch ihre Gesundheit nicht **aufs Spiel setzen**[1], oder?", meinte Aurelia.

„Vielleicht verstehen Sie es, wenn Sie mal genauso alt sind wie wir. Es gibt nicht mehr viel, was wir noch tun können. Aber dieses Wenige lassen wir uns nicht auch noch nehmen."

Aurelia nickte langsam. So hatte sie die Sache noch nie gesehen. Aber sie verstand, was die Frau meinte.

Nachdenklich schaute sie zu Herrn Altenburg, aber er war nicht mehr an seinem Platz. Schnell stand sie auf, warf die Zigarette **über Bord**[2] und ging ins Innere des Schiffes. Auch hier war er nirgendwo zu sehen.

„Wo ist er?", fragte Aurelia panisch.

Die ältere Dame zeigte zur anderen Seite des Schiffes. „Er ist rausgefahren."

In aller Eile ging Aurelia durch den Raum zum hinteren Deck. Hier sah sie, wie Herr Altenburg über die Reling **gebeugt**[3] hing. Irgendwie hatte er es geschafft, aus seinem Rollstuhl rauszukommen. Sie eilte zu ihm, um ihn festzuhalten. Doch dann, auf einmal, sie wusste selbst nicht, was sie da tat, gab sie ihm einen festen **Stoß**[4]. Herr Altenburg rutschte ganz über die Reling und fiel mit einem lauten **Platschen**[5] ins Wasser. Da erst realisierte Aurelia, was sie getan hatte. Hatte sie etwa…? Sie hatte doch wohl nicht …! Nach einem kurzen Schreckmoment zog Aurelia ihre Schuhe und Jacke aus, um ins Wasser zu springen, doch einer der Schiffsmitarbeiter hielt sie fest.

1 **etw. (Akk.) aufs Spiel setzen (idiom.)** – *etw. (Akk.) riskieren*
2 **über Bord** – *über die Reling*
3 **gebeugt** – *mit dem Kopf/Oberkörper nach unten*
4 **der Stoß** – *Schlag*
5 **das Platschen** – *Geräusch, wenn etw. ins Wasser fällt*

„Er ist da unten, im Wasser!“, schrie sie verzweifelt.

„**Mann über Bord**[1]!“ **brüllte**[2] der Mitarbeiter ins Innere des Schiffes. Der Kapitän reagierte sofort. Langsam kam das Schiff zum Stehen. Mittlerweile hatte der Mitarbeiter schon einen **Rettungsring**[3] ins Wasser geworfen.

„Bleiben Sie hier! Wir machen das schon“, sagte er zu Aurelia, die angefangen hatte zu weinen.

„Sie müssen Ihn da rausholen!“, **schluchzte**[4] sie.

Jetzt kamen vier weitere Mitarbeiter an Deck. Einer leuchtete mit einer Taschenlampe ins Wasser, aber man konnte nicht viel erkennen.

„Bitte! Sie müssen ihn finden!“, schrie Aurelia. Dann, auf einmal, sah sie ihn. Ohne lange nachzudenken, **riss** sich Aurelia von dem Mitarbeiter **los**[5] und sprang ins Wasser.

Sie schwamm zu Herrn Altenburg, der hektisch mit den Armen **ruderte**[6].

Endlich erreichte sie ihn und griff nach seinem Arm. „Herr Altenburg! Hören Sie mich? Ich bin es! Kommen Sie, ich helfe Ihnen.“

Plötzlich packte er sie mit beiden Händen am Hals und **würgte**[7] sie. Aurelia wusste nicht, wie ihr geschah. Sie bekam keine Luft mehr.

„Aufhören! Aufhören!“, **röchelte**[8] sie, doch er drückte nur noch fester zu. Sie versuchte, von ihm wegzukommen, aber stattdessen sanken sie beide unter Wasser. Aurelia **strampelte mit den Beinen**[9], um nach oben zu kommen, aber er ließ sie nicht los. Da trat sie in ihrer Panik mehrere Male mit den

1 **Mann über Bord!** – *Ausruf, wenn ein Mensch von einem Schiff ins Wasser gefallen ist*
2 **brüllen** – *laut rufen, schreien*
3 **der Rettungsring** – *rot-weißer Ring, mit dem sich Nichtschwimmer über Wasser halten können*
4 **schluchzen** – *(hier:) unter Tränen sagen*
5 **sich losreißen** – *sich mit Gewalt befreien*
6 **rudern** – *(hier:) große, kreisförmige Bewegungen machen*
7 **würgen** – *jmds. Hals mit beiden Händen umfassen und zudrücken*
8 **röcheln** – *(hier:) mühsam sprechen, weil man keine Luft mehr bekommt*
9 **mit den Beinen strampeln** – *die Beine schnell bewegen (wie ein Baby)*

Beinen gegen ihn und drückte seinen Kopf nach unten. Endlich war sie frei. Aurelia sah die Todesangst in Herrn Altenburgs Gesicht. Diesen Blick, das wusste sie, würde sie nie wieder vergessen, falls sie das überlebte. Doch sie kam tatsächlich an die Wasseroberfläche, steckte den Kopf aus dem Wasser, hustete, spuckte Wasser und **schnappte nach Luft**[1]. Sie selbst war dem Tod nur knapp entkommen. Doch was war mit Herrn Altenburg? Einer der Schiffsmitarbeiter schwamm zu ihr und legte den Rettungsring um sie.

„Wo ist er?", fragte der Mitarbeiter. Aurelia war noch zu erschöpft und durcheinander, um zu antworten.

„Wo ist der alte Herr", **hakte** der Schiffsmitarbeiter **nach**[2].

„Ich – ich –w-w-weiß es n-nicht", **stotterte**[3] Aurelia. Der Mitarbeiter zog sie zurück zum Schiff. Hier halfen ihr viele Hände an Bord. Von oben sah sie, wie zwei weitere Mitarbeiter mehrmals nach Herrn Altenburg tauchten. Doch ohne Erfolg.

Zwei Stunden später saß Aurelia auf der Polizeistation der Stadt Koblenz und **gab** ihre Aussage **zu Protokoll**[4]. Die Wasserpolizei fand seine **Leiche**[5] **flussabwärts**[6]. Nun wollte die Polizei wissen, was genau geschehen war.

Aurelia stand noch immer unter Schock. Sie erzählte ausführlich, was passiert war. Doch sie sagte nicht, dass sie ihn über die Reling gestoßen, er sie gewürgt und sie ihn dann getreten und nach unten gedrückt hatte. Stattdessen gab sie an, dass sie versucht hatte, ihn zu retten, er ihr aber zu schwer gewesen war. Sie **bezweifelte**[7], dass man ihr glauben würde, weil er ein alter und **gebrechlicher**[8] Mann war, der kaum noch etwas wog. Doch in dem Moment war ihr das egal. Sie wollte diesen

1 **nach Luft schnappen** – *schnell Luft holen, weil man vorher zu wenig davon hatte*
2 **nachhaken** – *nachfragen*
3 **stottern** – *mit vielen Pausen sprechen und dabei einzelne Laute wiederholen*
4 **etw. (Akk.) zu Protokoll geben** – *etw. (Akk.) erzählen, damit es aufgeschrieben wird*
5 **die Leiche** – *toter Körper*
6 **flussabwärts** – *in Fließrichtung des Wassers*
7 **bezweifeln** – *zweifeln an, nicht glauben*
8 **gebrechlich** – *schwach*

schrecklichen Tag nur noch so schnell wie möglich hinter sich bringen und nach Hause gehen.

„War das alles, was Sie zu sagen haben?", fragte die Polizistin. Aurelia nickte. Eigentlich fühlte sie sich nicht schuldig, sondern nur von einer großen **Last**[1] befreit.

Die Köln-Düsseldorfer Deutsche Rheinschifffahrt

Die Köln-Düsseldorfer, oder auch KD genannt, wurde 1853 von zwei Reedereien, also zwei Schiffsunternehmen, aus Köln und Düsseldorf gebildet. Damals hieß die Firma *Kölnische und Düsseldorfer Gesellschaft für Rhein-Dampfschifffahrt.*

Das heutige Unternehmen hat 12 Schiffe und bietet sowohl Vergnügungs- als auch Linienfahrten auf den Flüssen Rhein, Main und Mosel an.

Eines der Schiffe ist die *RheinEnergie*. Dieses Schiff bietet Platz für bis zu 1650 Passagiere und hat eine Raumhöhe von 6 Metern. Damit ist es das größte Eventschiff auf europäischen Flüssen und Seen. Einer der berühmtesten Fahrgäste war Papst Benedikt XVI., der am Weltjugendtag im Jahr 2005 zu den Gläubigen auf beiden Seiten des Rheins sprach.

Der Rest der Flotte hat zum Teil geschichtsträchtige Namen wie z. B. *Loreley, Goethe, Godesburg, Warsteiner, Palladium, Boppard, Asbach, Heinrich Heine, Jan von Werth, Stolzenfels und RheinFantasie.*

1 **die Last** – *(hier:) die Belastung*

3. DAS VERHÖR

Die Neonlampe im **Verhörzimmer**[1] **flackerte**[2] und **surrte**[3] ununterbrochen. Irritiert schaute Kommissarin Rothenberg nach oben. ‚Ich hatte den Hausmeister doch letzte Woche gebeten, sich darum kümmern', dachte sie verärgert.

Plötzlich hustete der Verdächtige, der ihr gegenüber saß, und holte sie aus ihren Gedanken. Der Verdächtige hieß Mike Krämer. Er war 1,85 Meter groß und 29 Jahre alt. Alles an diesem Mann war **rau**[4]: von seinem rasierten Kopf über seine Hände und den Dreitagebart bis hin zu seiner Stimme. Beide Oberarme waren durchtrainiert und tätowiert und er trug eine schwere Silberkette um den Hals. Sein Erscheinungsbild hätte auch das eines **Kleinkriminellen**[5] sein können. Doch Mike hatte keine **Vorstrafen**[6]. Mit sechzehn **ging** er **von der Schule ab**[7] und arbeitete in der Autowerkstatt seines Onkels. Nun saß er Kommissarin Rothenberg gegenüber und schaute sie fest an. Die beiden waren schon seit einer Dreiviertelstunde im Verhörzimmer. Doch alles, woran sich Mike Krämer erinnern konnte, war, dass er sich auf eine Parkbank gesetzt und eine Zigarette geraucht hatte. Beim Anblick der St. Lorenzkirche habe er darüber nachgedacht, wie viele Menschen wohl beim Bau ihr Leben verloren hatten.

„Alles, was danach passiert ist, ist weg. Wie bei einem **Filmriss**[8]", erklärte er.

1 **das Verhörzimmer** – *Zimmer zur Befragung von Verdächtigen bei der Polizei*
2 **flackern (von Feuer/Licht)** – *stärker und schwächer werden, an- und ausgehen*
3 **surren (von technischen Geräten)** – *ein leises Geräusch machen, etwa „sss"*
4 **rau** – *nicht glatt*
5 **die/der Kleinkriminelle** – *Person, die nur kleinere Verbrechen begeht*
6 **die Vorstrafe** – *bereits früher durch ein Gericht verhängte Strafe*
7 **von der Schule abgehen** – *die Schule ohne Abschluss verlassen*
8 **der Filmriss (ugs.)** – *Gedächtnislücke, Loch in der Erinnerung*

Kommissarin Rothenberg schaute ihn zweifelnd an. „Und das soll ich Ihnen glauben? Das glauben Sie doch selbst nicht."

Mike rieb sich nervös die Hände. „Ich habe niemanden getötet!", sagte er **harsch**[1].

„Wie wollen Sie das denn wissen? Sie erinnern sich doch **angeblich**[2] an nichts."

„Aber so etwas würde ich doch wissen. Glauben Sie mir – ich hab' niemanden getötet!"

Die Kommissarin stand auf und ging einige Schritte auf und ab.

„Dann erzählen Sie mir noch einmal, was passiert ist."

Mike **schnalzte mit der Zunge**[3]. „Schon wieder? Ich habe Ihnen doch schon ein paarmal gesagt, was passiert ist!"

„Dann tun Sie es eben noch einmal. Bis ich sage, dass wir fertig sind, verstanden? Schließlich stehen Sie unter Mordverdacht."

Also berichtete Mike wieder vom Vorabend. Er war nach Hause gekommen und hatte diesen Brief seiner Freundin Angélique auf dem Esszimmertisch gefunden. „Sie hat geschrieben, dass **Schluss ist**[4]. Einfach so. Ich war total geschockt. Damit hatte ich echt nicht gerechnet. Also bin ich raus aus meiner Wohnung, ich musste einen klaren Kopf bekommen. Ich bin kreuz und quer durch die Stadt – zur Burg, wieder runter zur St. Lorenzkirche, rein in den Park. Nach einer Stunde oder so – es war ja auch voll spät –, habe ich mich auf eine Parkbank gesetzt und eine Zigarette geraucht. Das war's. Mehr weiß ich nicht mehr."

„Und vorher?", fragte sie.

„Wie – vorher?", antwortete er genervt.

„Sie haben in derselben Woche ihre Arbeit als Mechaniker verloren. Und dann **macht** auch noch ihre Freundin **mit ihnen**

1 **harsch** – *grob, unfreundlich*
2 **angeblich** – *wie von jmdm. behauptet wurde*
3 **mit der Zunge schnalzen** – *ein Klickgeräusch mit der Zunge machen*
4 **Schluss sein (von Beziehungen/Freundschaften)** – *zu Ende sein*

Schluss[1]. Das muss Ihnen doch **zugesetzt**[2] haben, oder etwa nicht?“

Mike stand plötzlich auf, **ballte die Hände**[3] und schlug mit der Faust auf den Tisch. „Ja! Man hat mich **gefeuert**[4] und dann hat mich auch noch meine Freundin verlassen – aber das macht mich noch lange nicht zum Mörder!“

„Nein“, sagte Kommissarin Rothenberg ruhig, „aber es macht Sie zu einem Mann, der sich nicht unter Kontrolle hat.“

Mike schaute auf seine Faust und merkte erst jetzt, was er gerade getan hatte. Langsam setzte er sich wieder und **vergrub**[5] sein Gesicht in den Händen.

„Sie sind sich doch sowieso sicher, dass ich schuldig bin und bald ins Gefängnis muss“, **murmelte**[6] er. Dann hob er den Kopf und sah die Kommissarin verzweifelt an. „Aber ich sage Ihnen die Wahrheit. Was wollen Sie denn noch von mir?“

Kommissarin Rothenberg wollte ein **Geständnis**[7]. Sie glaubte ihm einfach nicht, dass er sich an nichts mehr erinnern konnte. Außerdem wollte sie endlich nach Hause, ihrer Tochter Anna nach dem Abendessen eine Gutenachtgeschichte vorlesen und danach, sobald die Kleine eingeschlafen war, ein Glas Rotwein trinken. Doch ihr Job erlaubte es ihr nur selten, pünktlich zum Abendessen zu Hause zu sein.

Vielleicht würde es ja helfen, mal eine kleine Pause zu machen. Kommissarin Rothenberg verließ das Verhörzimmer und ging in den Flur.

Ihr Kollege Rach stand vor ihr. „Na? Hast du ihn schon **kleingekriegt**[8]?“

1 **mit jmdm. Schluss machen** – *jmdn. verlassen, eine Beziehung beenden*
2 **jmdm. zusetzen** – *jmdn. fertigmachen, jmdn. stressen*
3 **die Hände ballen** – *die Hände fest schließen, die Hände zu einer Faust machen*
4 **jmdn. feuern (ugs.)** – *jmdn. entlassen*
5 **vergraben** – *(hier:) verstecken*
6 **murmeln** – *leise und undeutlich sagen*
7 **das Geständnis** – *Zugeben einer Tat/eines Verbrechens*
8 **jmdn. kleinkriegen** – *solange mit jmdm. reden, bis er tut, was man will*

„Ist gleich soweit!", **witzelte**[1] ihr anderer Kollege Nowitzki, „Ich gebe ihm noch eine halbe Stunde!"

Die Männer lachten. Doch Rothenberg **war nicht zum Lachen zumute**[2]. Sie war erschöpft und hatte schon seit dem Mittagessen furchtbare Kopfschmerzen. In der letzten Nacht hatte sie schlecht geschlafen – noch schlechter als sonst. Generell fiel es ihr in letzter Zeit schwer, **abzuschalten**[3] und zur Ruhe zu kommen. Ungelöste Fälle verfolgten sie bis in den Schlaf. Besser wurde es immer erst, wenn wieder einmal ein Fall geklärt war.

Dieses Mal aber war sie sich ganz sicher: Mike Krämer war schuldig.

Rothenberg machte sich eine Tasse Kaffee. Während sie mit dem Löffel in der Tasse rührte, ging sie im Kopf noch einmal alle Fakten durch.

Um 20.30 Uhr war ein Notruf eingegangen. Eine gewisse Angélique Meyer hatte angegeben, dass ihr Freund Richard Werther **bewusstlos**[4] auf dem Boden ihres Hotelzimmers liege. Als die Notärzte **eintrafen**[5], war Richard bereits tot. Sein Gesicht **wies** schwere Verletzungen **auf**[6] und an seinem Hinterkopf war eine große **Platzwunde**[7]. Um 20:55 Uhr rief die Rezeption des Hotels die Polizei. Wenig später wurde Mike Krämer mit Blut an den Händen und an seiner Kleidung in der Nähe des Cristal-Hotels festgenommen. Das Blut stammte vom ermordeten Richard Werther.

Angélique **gab** später **zu Protokoll**[8], dass Mike zum Hotel gekommen war, nachdem sie kurz vorher miteinander telefoniert hatten. Sie sagte, dass er nur mit ihr habe reden wollen, dass er dann aber **auf** Richard **losgegangen**[9] sei.

1 **witzeln** - *Spaß machen, nicht ganz ernst sagen*
2 **jmdm. ist nicht zum Lachen zumute** - *jmd. findet etwas nicht lustig*
3 **abschalten** - *sich entspannen, an etwas anderes denken*
4 **bewusstlos** - *ohne Bewusstsein, nicht wach*
5 **eintreffen** - *ankommen*
6 **aufweisen** - *zeigen*
7 **die Platzwunde** - *Wunde, die stark blutet und meist genäht werden muss*
8 **etw. (Akk.) zu Protokoll geben** - *etw. (Akk.) erzählen, damit es aufgeschrieben wird*
9 **auf jmdn. losgehen** - *jmdn. attackieren*

Rothenberg war sich fast sicher, dass irgendetwas an dieser Geschichte nicht stimmte. So, als ob noch ein letztes Puzzleteil fehlte. Aber sie wusste nicht, was es war.

Rothenberg beschloss, die Ex-Freundin von Mike noch einmal zu befragen. Sie stellte ihren Kaffeebecher auf den Tisch und bat einen der Polizisten, Mike Krämer **vorübergehend**[1] in eine **Wartezelle**[2] zu bringen.

Angélique wurde in den Verhörraum gebracht. Sie setzte sich auf den Stuhl, legte die Hände in den **Schoß**[3] und schaute sich nervös um. Kommissarin Rothenberg studierte sie durch den **Einwegspiegel**[4] im Nebenraum. Sie sah verloren und unschuldig aus.

Neben Rothenberg stand ihr Kollege Rach. „Na, was denkst du? Hat sie was damit zu tun?"

„Das werden wir gleich sehen."

„Na dann, viel Glück!", sagte er.

Rothenberg schaute ihn **irritiert**[5] an. „Das hat nichts mit Glück zu tun", **erwiderte**[6] sie **nüchtern**[7].

„Schon klar, ich wollte nur...", aber Rothenberg hörte ihm gar nicht mehr zu. Sie ging wieder ins Verhörzimmer, setzte sich Angélique gegenüber und legte eine Akte auf den Tisch.

„Mein Name ist Kommissarin Rothenberg."

Angélique versuchte zu lächeln, aber es gelang ihr nicht. „Warum bin ich denn immer noch hier?" fragte sie.

„Das ist ganz normal, keine Sorge. Wir haben nur noch einige Fragen, die wir gerne klären möchten. Danach können Sie gehen."

1 **vorübergehend** - *für kurze Zeit*
2 **die Wartezelle** - *kleiner Raum, in dem die Verdächtigen zwischen den einzelnen Phasen eines Verhörs warten*
3 **der Schoß (von sitzenden Personen)** - *Bereich der Oberschenkel*
4 **der Einwegspiegel** - *Scheibe, durch die man nur von einer Seite aus hindurchsehen kann*
5 **irritiert** - *durcheinander, verwirrt*
6 **erwidern** - *antworten*
7 **nüchtern** - *sachlich, kühl*

„Haben Sie vielleicht ein Glas Wasser für mich?", fragte Angélique. Ihr Mund war ganz trocken.

„Wie gesagt, ich habe nur ein paar Fragen. Das dauert bestimmt nicht lange."

‚Sie ist nervös', **schoss** es Rothenberg **durch den Kopf**[1]. Doch das hier war ja reine Routine. Sie öffnete die Akte und zeigte Angélique ein paar Fotos vom **Tatort**[2] und Richards **Leiche**[3]. Angélique schaute **angewidert**[4] weg.

„Was tun Sie denn da? Warum muss ich mir das ansehen?", fragte sie. In ihrer Stimme lag leichte Panik.

„Ich möchte nur wissen, ob Ihnen irgendetwas Besonderes auffällt."

Angélique **zögerte**[5]. Es fiel ihr nicht leicht, die Fotos zu betrachten. Dann nahm sie aber doch ein Foto in die Hand. In diesem Moment sah Rothenberg, dass Angélique Blut unter den Nägeln hatte.

„Zeigen Sie mir mal Ihre Hände", sagte Rothenberg ruhig, aber bestimmt.

Sofort ließ Angélique das Foto auf den Tisch fallen und zog ihre Hand zurück. „Warum?"

„Woher stammt denn dieses Blut?", **forschte**[6] Rothenberg.

„Das – das – äh – ist – ist doch k-klar", stotterte Angelique. „Ich habe doch versucht, Richard zu helfen."

„Wie wollten Sie ihm denn helfen? Können Sie mir das genauer erklären?"

„Das habe ich doch schon ihrem Kollegen erzählt. Ich habe mit der ganzen Sache gar nichts zu tun."

„Trotzdem möchte ich die ganze Geschichte noch einmal hören."

1 **jmdm. durch den Kopf schießen** - *jmdm. plötzlich auffallen, jmdm. einfallen*
2 **der Tatort** - *Ort, an dem ein Verbrechen begangen wurde*
3 **die Leiche** - *toter Körper*
4 **angewidert** - *voller Ekel*
5 **zögern** - *unentschlossen sein*
6 **forschen** - *(hier:) sachlich nachfragen*

„Mike war wütend und rannte ins Hotelzimmer..."

Rothenberg unterbrach sie. „Sie haben ihm gesagt, wo er Sie finden kann? Sie und Ihren neuen Freund? Warum das denn? Konnten Sie sich nicht denken, dass das Probleme geben könnte?"

Angélique schaute sie erschrocken an. „Nein, eigentlich nicht. Mike sagte, er wolle nur kurz mit mir reden. Er kam rein, Richard stand hinter mir. Und dann auf einmal ging Mike auf ihn los."

„Wie lange waren sie mit Richard zusammen?"

„Keine Ahnung. Vielleicht zwei Monate?"

„Vielleicht?"

„Keine Ahnung!" antwortete Angélique verwirrt. Ihre Stimme zitterte.

Rothenberg konnte sehen, dass sie log. „Nein, vielleicht, keine Ahnung. Entscheiden Sie sich bitte für eine Aussage."

„Nein, er wusste es nicht", erklärte Angélique **schnippisch**[1].

„Und Richard? Wusste er von Mike? Hat er ihnen **ein Ultimatum gesetzt**[2]?"

„Nein", sagte Angelique leise.

„Also sind sich die beiden Männer in dieser Nacht das erste Mal begegnet?"

„Ja", sagte Angélique immer noch leise. Doch plötzlich kam wieder Leben in sie. „Aber Mike hat Richard brutal **zusammengeschlagen**[3]. Er hat einfach nicht aufgehört! *Er* **hat** ihn **auf dem Gewissen**[4]!"

Rothenberg sagte eine Weile lang nichts. Angélique **rutschte** unruhig auf ihrem Stuhl **hin** und **her**[5]. „Darf ich eine Zigarette rauchen?"

1 **schnippisch** – *kurz angebunden, frech*
2 **jmdm. ein Ultimatum setzen** – *jmdn. auffordern, etw. bis zu einem bestimmten Zeitpunkt zu tun*
3 **jmdn. zusammenschlagen** – *jmdm. viele brutale Schläge verpassen*
4 **jmdn. auf dem Gewissen haben** – *dafür verantwortlich sein, dass jmd. gestorben ist*
5 **hin- und herrutschen** – *immer wieder eine neue Sitzposition suchen*

„Nein, das Rauchen ist hier verboten. Wir sind aber gleich fertig." Rothenberg merkte, dass Angélique immer nervöser wurde.

„Sie haben also mit Mike telefoniert und ihm gesagt, wo Sie sich befinden. Dann ist er zum Hotel gekommen und hat Richard zusammengeschlagen. Was ist dann passiert?", fragte Rothenberg vorsichtig.

„Ich weiß nicht. Es ging alles so schnell."

„Es ist alles in Ordnung. Sie können **sich mir anvertrauen**[1]."

„Ich habe Mike angeschrien, dass er verschwinden soll. Er sah vollkommen **irre**[2] aus. Richard lag am Boden und blutete. Der ganze Teppich war schon voll mit Blut."

„Was hat Mike dann getan?"

Jetzt schaute Angélique Rothenberg zum ersten Mal direkt in die Augen. Sie begann zu weinen. Rothenberg wusste: Dies war der Moment, in dem **sich das Blatt wenden**[3] würde. Trotzdem durfte sie Angélique nicht unter Druck setzen.

„Ich wollte das alles nicht. Sie müssen mir glauben. Ich habe ihn doch geliebt!"

Rothenberg sagte nichts, sondern ließ sie weitererzählen.

„Alles ging so schnell. Ich schrie Mike an und dann rannte er weg. Richard **stöhnte**[4] vor Schmerzen. Ich versuchte, ihm **aufzuhelfen**[5], aber er stieß mich weg. Er war wütend auf mich, weil ich Mike verraten hatte, wo er uns finden konnte."

Angélique atmete einmal tief durch. „Keine Ahnung, was dann passiert ist."

Rothenberg wusste, dass das letzte Puzzleteil **in unmittelbarer Reichweite**[6] lag.

1 **sich jmdm. anvertrauen** – *sich jmdm. mitteilen, jmdm. etw. (Akk.) gestehen*
2 **irre** – *wahnsinnig*
3 **das Blatt wendet sich (idiom.)** – *die Lage ändert sich vollkommen*
4 **stöhnen** – *einen lang gezogenen Laut von sich geben, meist Zeichen von Schmerzen, wenig Lust oder schwachen Nerven*
5 **jmdm. aufhelfen** – *jmdm. beim Aufstehen helfen*
6 **in unmittelbarer Reichweite** – *ganz nah*

Angélique schaute auf. „Kann ich jetzt gehen?"

Rothenberg sagte nichts.

„Bitte, ich will nur nach Hause gehen. Ich wollte das alles nicht. Das ist wie ein einziger **Albtraum**[1]. Er hat mich in dem Moment nur so wütend gemacht. Er war so ungerecht und gemein zu mir. Aber ich wusste nicht, dass sein Kopf so hart auf den Boden schlagen würde. Ich wollte doch nur, dass er aufhört, mich zu **beschimpfen**[2]."

„Es ist alles in Ordnung. Sagen Sie mir einfach, was passiert ist."

„Ich nahm seinen Kopf in meine Hände ... und schlug ihn fest auf den Boden."

Angélique zitterte am ganzen Körper. „Dann hat er sich einfach nicht mehr bewegt. Sein ganzer Körper wurde leblos. Als ich verstand, was ich getan hatte, rief ich sofort den Krankenwagen. Aber da war es schon zu spät."

Rothenberg **lehnte sich zurück**[3]. Ein volles Geständnis. Der Fall war gelöst. Und dennoch fühlte sie sich alles andere als erleichtert. In diesem Moment öffnete Rach die Tür und winkte Rothenberg heraus. Rothenberg wusste, dass Rach noch einen Termin hatte und er deswegen losmusste.

Angélique schaute Rothenberg mit tränenüberströmtem Gesicht an. „Kann ich jetzt ein Glas Wasser bekommen?", fragte sie zitternd.

Rothenberg nickte. „Ich schicke gleich jemanden zu Ihnen rein."

Draußen im Flur standen Rach und Nowitzki. Rach klopfte ihr auf die Schulter. „Gut gemacht."

Rothenberg sah ihn irritiert an. Sie war **regelrecht**[4] angewidert von dieser Geste. Eine junge Frau hatte gerade eine furchtbare Tat gestanden, die sie für viele Jahre ins Gefängnis

1 **der Albtraum** - *schrecklicher Traum*
2 **jmdn. beschimpfen** - *jmdn. mit Schimpfwörtern beleidigen*
3 **sich zurücklehnen** - *den Oberkörper zurücknehmen, so dass der Rücken den Stuhl berührt*
4 **regelrecht** - *wirklich, richtig*

bringen würde. Doch anstatt ihm ihre Meinung zu sagen, schaute sie auf ihre Armbanduhr. Es war kurz nach 18 Uhr. Sie dachte an Anna, die schon auf sie wartete. **Mit einem Schlag**[1] löste sich ihre **Anspannung**[2] auf. Zeit, nach Hause zu gehen.

St. Lorenzkirche

Die evangelisch-lutherische St. Lorenzkirche in Nürnberg ist über 700 Jahre alt und eines der bedeutendsten Wahrzeichen der Stadt. Zwischen 1243 und 1315 wurde mit dem Bau der Kirche begonnen. Die Architektur der Kirche nennt man hochgotisch.

Während des Zweiten Weltkriegs wurde das Gebäude mehrmals von Bomben getroffen und stürzte dadurch ein. Nach Kriegsende wurde die Kirche jedoch wiederaufgebaut. Am 10. August 1952 fand der erste Gottesdienst nach dem Krieg statt und 2002 wurde das 50. Jubiläum der Wiedereröffnung gefeiert. Heute wird das Gebäude jedes Jahr von ca. 750.000 Touristen aus aller Welt besichtigt.

1 **mit einem Schlag -** *plötzlich*
2 **die Anspannung -** *Stress, Druck*

4. BANKÜBERFALL

In der Freiburger **Filiale**[1] der Deutschen Bank wurde es ganz plötzlich still. Anna kniete auf dem Boden, in ihrem **Nacken**[2] spürte sie das kalte Metall einer Pistole. Vor und neben ihr lagen fünf weitere **Geiseln**[3]. Niemand bewegte sich, nur von der Frau rechts von ihr kam ein leises **Wimmern**[4]. Die Uhr an der Wand gegenüber zeigte 09:05 Uhr.

Die Bankangestellte Anna Neumann hatte ihren Arbeitstag wie immer begonnen: Nachdem sie sich auf dem Münsterplatz einen Kaffee zum Mitnehmen gekauft hatte, war sie an den vielen Marktständen vorbei zur Bank **geschlendert**[5]. Doch während sie die Bankfiliale sonst erst um 07:55 Uhr aufschloss, war sie heute Morgen schon um 07:40 Uhr da gewesen. Kaum hatte sie ihr Büro betreten, war ein **maskierter**[6] Mann im Türrahmen aufgetaucht.

Anna **zuckte zusammen**[7] und stieß einen Schrei aus.

„Hände hoch!", befahl der Mann.

„Bitte tun Sie mir nichts. Ich mache alles, was Sie wollen", **flehte** Anna den Mann **an**[8].

„**Klappe halten**[9] und mitkommen!", unterbrach er sie.

Langsam ging Anna auf den Mann zu.

„Na, mach schon! Wir haben nicht den ganzen Tag Zeit!"

1 **die Filiale** – *einzelnes Geschäft eines Unternehmens*
2 **der Nacken** – *hinterer Teil des Halses*
3 **die Geisel** – *Person, die gefangen genommen/festgehalten wird*
4 **das Wimmern** – *leises, hilfloses Weinen*
5 **schlendern** – *langsam gehen*
6 **maskiert** – *mit verdecktem Gesicht*
7 **zusammenzucken** – *sich erschrecken*
8 **jmdn. anflehen** – *jmdn. sehr bitten*
9 **(die) Klappe halten (ugs.)** – *den Mund halten, nichts sagen*

Der Bankräuber packte sie am Arm und **zerrte**[1] sie den Gang hinunter ins Büro des Filialleiters Mayer.

Hier standen zwei weitere maskierte Männer vor dem Computer. Herr Mayer selbst lag mit blutender Nase und gefesselten Händen **ohnmächtig**[2] auf dem Boden.

„Ich hab' sie, Boss. Was sollen wir mit ihr machen?", fragte der Mann neben Anna.

Einer der anderen Männer, den der Maskierte mit Boss angeredet hatte, **richtete sich auf**[3] und kam auf sie zu. Er trug einen schwarzen Kapuzenpulli und eine dunkle Sonnenbrille.

„Du warst heute etwas früh dran", sagte er ruhig.

Anna schaute zu Boden und schwieg.

„Was soll das denn, hm? Wir dachten, nur dein Chef wäre um die Uhrzeit schon hier", sagte er und strich ihr eine **Haarsträhne**[4] aus dem Gesicht.

Anna sah immer noch nicht hoch. „Ich-ich wollte nur...", **stotterte**[5] sie.

Dann drehte sich der Boss zu dem Mann am Computer um und fragte: „Und, Lenny, schon was gefunden? Wenn nicht, muss uns die Kleine hier helfen."

Lenny, der am Computer stand, antwortete: „Ich habe die Sicherheitskameras ausgeschaltet und alle Aufnahmen gelöscht, aber diesen verfluchten Code finde ich nicht!"

Doch dann lächelte er plötzlich böse. Er sah Anna an und fragte **drohend**[6]: „Also, Kleine, dann mal raus mit der Sprache. Wie lautet der Code zum Tresor?"

„Ich weiß es nicht", antwortete Anna leise.

Der Mann neben ihr packte sie noch fester am Arm und flüsterte ihr ins Ohr: „Das ist die falsche Antwort, Schätzchen. Deinen Chef hier können wir leider gerade nicht fragen. Ich

1 **jmdn. zerren** - *jmdn. mühsam oder mit Gewalt ziehen*
2 **ohnmächtig** - *ohne Bewusstsein, nicht wach*
3 **sich aufrichten** - *sich gerade hinstellen*
4 **die Haarsträhne** - *ein paar dicht beieinander liegende oder hängende Haare*
5 **stottern** - *mit vielen Pausen sprechen und dabei einzelne Laute wiederholen*
6 **jmdm. drohen** - *jmdm. Angst machen*

rate dir also, die Wahrheit zu sagen. Sonst kannst du dich **auf etwas gefasst machen**[1]!"

Jetzt zitterte Anna am ganzen Körper.

„Hör auf, ihr Angst zu machen, Ziggy. So verrät sie bestimmt nichts", meinte der Boss. Dann wandte sich Ziggy wieder an Anna: „Wie heißt du?" fragte er jetzt **sanft**[2].

„Anna", antwortete sie **schluchzend**[3].

„Also, Anna, du arbeitest doch bestimmt schon lange hier in dieser Bank, oder?"

Anna schüttelte den Kopf. „E-erst s-seit vier Wochen."

„Aber nach vier Wochen **weiß** man doch schon, **wie der Laden läuft**[4], oder?", fragte er.

Anna nickte stumm.

„Sehr gut. Dann kannst du mir ja sicher auch den **Zugangscode**[5] zum **Tresor**[6] sagen."

Anna schwieg immer noch.

„Hey, ich habe hier eine Pistole. Möchtest du denn wirklich schon sterben? Dieses kleine Geheimnis könntest du uns doch wohl verraten, dann passiert dir nichts", sagte er **eindringlich**[7].

Anna biss sich auf die Lippe und schüttelte wieder den Kopf. „Ich kenne den Code nicht. Nur der Filialleiter hat den Schlüssel und den Code zum Tresor."

Während sie sprach, **kam** Herr Mayer langsam wieder **zu sich**[8]. Als ihm klar wurde, wo er sich befand und was geschehen war, sah er erschrocken zu Anna und den Bankräubern: „Lassen Sie sie! Sie hat keine Ahnung!"

„Das wissen wir bereits. Darum gehen wir jetzt alle zusammen zum Tresor, und den öffnen Sie dann für uns,

1 **sich auf etw. gefasst machen** – *etw. Unangenehmes erwarten*
2 **sanft** – *lieb, freundlich, nett*
3 **schluchzen** – *(hier:) laut weinen*
4 **wissen wie der Laden läuft (ugs.)** – *wissen wie etw. funktioniert*
5 **der Zugangscode** – *Passwort (aus Zahlen und Buchstaben), mit dem man sich einloggt*
6 **der Tresor** – *Schrank oder Raum, in dem Geld oder Schmuck gelagert wird*
7 **eindringlich** – *sehr fest, um jmdn. von etw. zu überzeugen*
8 **zu sich (Dat.) kommen** – *aus einer Ohnmacht aufwachen*

kapiert[1]?", drohte der Boss. „Sonst haben Sie die Kleine **auf dem Gewissen**[2]."

Widerstrebend[3] **willigte** Herr Mayer **ein**[4].

Als sie alle am Fahrstuhl angekommen waren, drückte der Boss den Fahrstuhlknopf.

Doch plötzlich hörten sie, wie einige Menschen in die Bank kamen und sich unterhielten.

„Scheiße! Es ist kurz nach 8 Uhr!", fiel es dem Boss plötzlich ein. „Wir haben vergessen, die Eingangstür abzuschließen!"

„Und wie sollen wir die Leute jetzt wieder loswerden?", fragte Lenny.

Noch bevor einer von ihnen antworten konnte, war Ziggy bereits zurück zum Schalter gelaufen.

„Nein! Tun Sie den Leuten nichts!", rief ihm Herr Mayer nach.

„Klappe!", befahl der Boss und **rammte**[5] ihm seine Faust in den Magen.

Herr Mayer **ächzte**[6] vor Schmerzen und sank zu Boden.

Wenige Augenblicke später konnte man ein paar Kunden vorne in der Bank schreien hören. Sofort packten die beiden Bankräuber Anna am Arm und schleiften sie in den Eingangsbereich. Hier lagen schon drei Frauen und zwei Männer auf dem Boden.

Ziggy hielt ihnen seine Waffe unter die Nase und schrie: „Keiner bewegt sich, verstanden?"

„Was tust du denn da?", schimpfte der Boss.

„Die Geiseln bewachen, was denn sonst? Ihr geht jetzt besser zum Tresor und holt die **Kohle**[7]. Ich bleibe so lange hier."

1 **kapieren (ugs.)** – *verstehen*
2 **jmdn. auf dem Gewissen haben** – *dafür verantwortlich sein, dass jmd. gestorben ist*
3 **widerstrebend** – *langsam, weil man nicht überzeugt ist*
4 **einwilligen** – *einverstanden sein*
5 **etw. (Akk.) in etw. (Akk.) rammen** – *etw. (Akk.) mit viel Kraft in etw. (Akk.) stoßen oder schlagen*
6 **ächzen** – *einen kurzen Schmerzenslaut von sich geben*
7 **die Kohle (ugs.)** – *Geld*

„Das ist keine gute Idee. Wir haben viel zu viele Zeugen. Also sollten wir lieber einfach **abhauen**[1], so lange wir noch können!“, meinte der Dritte im Bunde mit Panik in seiner Stimme.

„Ohne die **Moneten**[2] gehen wir hier nicht weg. Das kommt ja wohl gar nicht in Frage!“, schrie der Boss.

Während sich die Männer stritten, rannte Anna unbemerkt zum Schalter und drückte den Alarmknopf. Als die Sirene ertönte, fuhr Ziggy herum, richtete seine Pistole auf Anna und **drückte ab**[3]. Doch der Boss stieß ihn zur Seite und der Schuss traf nur den Schalter.

„Sag mal, **du hast sie wohl nicht mehr alle**[4]! Hier wird keiner verletzt – und umgebracht schon gar nicht!“, schrie er wütend.

„Aber sie hat den Alarmknopf gedrückt! Die **Bullen**[5] können jeden Moment hier sein!“, sagte Ziggy, packte Anna an den Haaren und zerrte sie vom Schalter weg.

„Auf die Knie!“, befahl er, drückte sie zu Boden und hielt ihr seine Pistole in den Nacken. „Noch so eine Aktion und ich bring dich um, kapiert?“

Anna schloss die Augen und begann zu wimmern.

Innerhalb von fünf Minuten standen mehrere Polizeiautos vor der Bank. Doch anstatt die Bank zu **stürmen**[6], blieben die Polizisten draußen vor dem Bankgebäude. Es sah so aus, als berieten sie sich.

„Leute, **wir sind geliefert**[7]!“, sagte Ziggy und schaute immer wieder nervös zu den Polizisten.

„Und was machen wir jetzt?“, **jammerte**[8] Lenny.

1 **abhauen (ugs., sal.)** – *verschwinden, weggehen*
2 **die Moneten (Pl.) (ugs.)** – *Geld*
3 **abdrücken** – *schießen; den Abzug betätigen, um einen Schuss auszulösen*
4 **Du hast sie wohl nicht mehr alle! (ugs.)** – *Du bist wohl verrückt geworden!*
5 **der Bulle (ugs., sal.)** – *Polizist*
6 **etw. (Akk.) stürmen** – *sich Zutritt zu etw. (Dat.) verschaffen*
7 **geliefert sein (ugs.)** – *am Ende sein, gleich geschnappt werden*
8 **jammern** – *in weinerlichem Ton reden*

Einen Moment später fuhr auch schon der Wagen des **Sondereinsatzkommandos**[1] vor. Die SEK-Beamten trugen spezielle Einsatzkleidung: Ski-Maske, hohe, feste Stiefel und **kugelsichere Westen**[2]. Sofort übernahmen sie die Führung und sagten den Polizisten, was zu tun sei. Die Polizisten stellten sich hinter den Polizeiautos auf und zielten mit ihren Waffen in Richtung Bank.

Danach griff einer der SEK-Beamten zum **Megafon**[3]. „Hier spricht das Sondereinsatzkommando. Sie sind umstellt. Lassen Sie die Geiseln frei, legen Sie die Waffen hin und kommen Sie mit erhobenen Händen heraus."

Die drei Bankräuber wurden noch unruhiger.

„Wir müssen irgendwie hier weg!", sagte Lenny nervös.

„Wohin denn, du **Witzbold**[4]! Die Bank ist doch umstellt! **Wir sind erledigt**[5]."

Offenbar dauerte es den Polizisten zu lange. Jetzt meldete sich wieder der SEK-Beamte: „Nennen Sie uns Ihre Bedingungen, damit wir über die **Freilassung**[6] der Geiseln reden können. Sie haben acht Minuten."

„Und was dann?", fragte Lenny ängstlich. **Schießen** die uns danach einfach **über den Haufen**[7]?"

„Das können die doch nicht machen. Schließlich sind wir auch noch da!", sagte da auf einmal eine der Geiseln.

Voller Panik versuchte der Mann, aufzustehen und zur Eingangstür zu rennen. Doch da löste sich ein Schuss aus der Waffe und **streckte** die Geisel **nieder**[8].

1 **das Sondereinsatzkommando (SEK)** - *militärisch ausgebildete Polizisten, die bei Geiselnahmen gerufen werden*
2 **die kugelsichere Weste** - *Weste, die vor Schüssen schützt*
3 **das Megafon** - *mobiler Lautsprecher mit Griff*
4 **der Witzbold (ugs.)** - *Idiot*
5 **erledigt sein (ugs.)** - *am Ende sein, gleich festgenommen werden*
6 **die Freilassung** - *Entlassung aus der Gefangenschaft*
7 **jmdn. über den Haufen schießen (ugs.)** - *jmdn. erschießen*
8 **jmdn. niederstrecken** - *jmdn. erschießen*

Der Mann schrie auf und **brach zusammen**[1].

Draußen warteten die SEK-Beamten mit angelegten Waffen. Auch ein Krankenwagen wurde gerufen. „Sie haben noch sechs Minuten. Ein Notarzt ist schon unterwegs", sagte der SEK-Beamte in sein Megafon.

Anna sah, wie Blut aus der Wunde des Mannes trat.

„Mensch, Ziggy", sagte Lenny, „was hast du dir nur dabei gedacht?"

„Der wollte abhauen! Ich musste doch etwas tun", schrie Ziggy.

„Okay – wir müssen jetzt **einen kühlen Kopf bewahren**[2]", beschloss der Boss. „Ihr bleibt hier. Ich gehe mit Anna zum Tresor und räume alles aus. **Haltet** die Bullen **in Schach**[3] – versucht, so viel **Zeit zu schinden**[4] wie möglich, verstanden?"

Die beiden Bankräuber nickten.

Dann packte der Boss Anna **gewaltsam**[5] am Arm. „Du kommst mit! Wir gehen jetzt mit deinem Chef zum Tresor", befahl er.

Widerstandslos[6] ließ sich Anna wegführen. Als die beiden am Fahrstuhl ankamen, lag Herr Mayer noch immer auf dem Boden und hielt sich den Bauch vor Schmerzen.

Der Boss nahm ihm den Schlüssel ab und fragte nach dem Code. Als der Filialleiter **beharrlich**[7] schwieg, trat er ihn erneut.

„Bitte Herr Mayer – tun Sie es einfach!", flehte ihn Anna an und kniete sich neben ihn. „Sonst werden die uns noch alle umbringen! Geben Sie ihm den Code!"

Widerwillig[8] und ächzend vor Schmerzen flüsterte Herr Meyer Anna den Code zu. Genau in diesem Moment kam Ziggy angerannt.

1 **zusammenbrechen** – *stürzen, zu Boden sinken*
2 **einen kühlen Kopf bewahren (idiom.)** – *vernünftig nachdenken und handeln*
3 **jmdn. in Schach halten** – *jmdn. unter Kontrolle haben*
4 **Zeit schinden** – *absichtlich langsam machen, um Zeit zu gewinnen*
5 **gewaltsam** – *grob, unvorsichtig, unsanft*
6 **widerstandslos** – *ohne jeden Kampf*
7 **beharrlich** – *entschlossen*
8 **widerwillig** – *gegen seinen Willen*

„Was machst du denn hier? Ich habe dir doch gesagt, du sollst vorne bleiben", sagte der Boss genervt.

„Ja, klar. Damit du mit der ganzen **Beute**[1] abhauen kannst. Nee, nee. Ich komme mit, damit alles nach Plan läuft. Welche Etage?", fragte er und schob sich einfach neben die drei anderen in den Aufzug. Anna drückte auf U und schon bewegte sich der Aufzug nach unten.

„Meinst du, Lenny schafft das?", fragte der Boss.

„Klar, der macht das schon. Ist ja nicht das erste Mal. Der kann uns **locker**[2] nochmal 5 Minuten **rausholen**[3]", antwortete Ziggy.

Als sie in der untersten Etage ankamen, schloss der Boss den Tresorraum auf. Dann befahl er Anna, den Code einzugeben. Als Anna damit fertig war, erklang ein piepsendes Geräusch und die Tür öffnete sich. Im Tresor befanden sich mehrere **Schließfächer**[4]. Ziggy machte einen Luftsprung vor Freude, als sie eintraten.

„**Das ist der Hammer**[5]! Los, lasst uns schnell alles einpacken!", sagte er, doch da hörte er hinter sich ein merkwürdiges Klicken. Schnell drehte er sich wieder um – und blickte direkt in das Ende einer Pistole.

„Ganz ruhig, Kumpel. Jetzt nur keine falsche Bewegung, klar?"

Ziggy **starrte** ihn wütend **an**[6]. „Scheiße, Mann! Willst du das hier alleine **durchziehen**[7]?"

„Alleine? Wieso alleine?", fragte der Boss, **grinste**[8] und nickte in Richtung Anna.

1 **die Beute** – *(hier:) Geld*
2 **locker (ugs.)** – *ohne Probleme*
3 **etw. rausholen (ugs.)** – *(Zeit) gewinnen*
4 **das Schließfach** – *verschließbares Fach, in dem man in Banken Wertsachen aufbewahren kann*
5 **Das ist der Hammer! (ugs.)** – *Das ist ja unglaublich/fantastisch!*
6 **jmdn. anstarren** – *jmdn. unbeweglich ansehen*
7 **etw. (Akk.) durchziehen (ugs.)** – *etw. (Akk.) zu Ende bringen*
8 **grinsen** – *breit lächeln*

Die war gerade dabei, ein Schließfach nach dem anderen mit dem Bankschlüssel zu öffnen und die Wertsachen und Diamanten in eine kleine Tasche zu **stopfen**[1].

„Beeil dich! Wir haben nicht mehr viel Zeit!", sagte der Boss zu seiner **Komplizin**[2].

„Ich hab's gleich! Nur noch dieses eine Schließfach!", antwortete Anna.

„Du und die Kleine? Ihr **steckt** also **unter einer Decke**[3]?", fragte Ziggy. Er konnte gar nicht glauben, was er da sah.

Anna lachte. „Was glaubst du wohl, wer sich diesen Plan ausgedacht hat?"

Der Boss schrie: „Auf den Boden mit dir!", doch Ziggy bewegte sich nicht.

„Wenn die Polizei uns verhaftet, seid ihr auch dran! Wir verraten euch!"

Anna schaute den Boss ungeduldig an. „Na los. Tu es! Sonst wandern wir auch noch ins Gefängnis. **Knall** ihn **ab**[4]!"

„Du willst mich doch nicht etwa umbringen, oder? Das machst du nicht wirklich! Ich kenne dich viel zu gut. Du...". Doch weiter kam er nicht, denn Anna nahm dem Boss einfach die Waffe ab und erschoss Ziggy.

„Erledigt!", sagte sie und rannte eilig aus dem Tresorraum zum Fahrstuhl.

„Scheiße! Du hast ihn umgebracht!", sagte der Boss **entgeistert**[5].

„Ja, na und?"

Geschockt sah der Boss Anna an, die seelenruhig nicht nur alle Fächer ausgeräumt, sondern auch noch seinen Kumpel umgebracht hatte.

1 **etw. (Akk.) in etw. (Akk.) stopfen** – *etw. (Akk.) schnell und unordentlich in etw. (Akk.) stecken*
2 **der Komplize/die Komplizin** – *Person, die mit jmdm. gemeinsame Sache macht*
3 **unter einer Decke stecken (idiom.)** – *gemeinsame Sache machen, ohne dass andere davon wissen*
4 **jmdn. abknallen (ugs.)** – *jmdn. erschießen*
5 **entgeistert** – *sehr erschreckt, geschockt*

„Das machst du nicht zum ersten Mal, hab ich recht?“, fragte er, während sie auf den Fahrstuhl warteten.

Anna lächelte nur, antwortete aber nicht. Dann richtete sie die Waffe auf den Boss. „Tut mir echt leid, aber hier endet unsere Reise.“ Und **ohne mit der Wimper zu zucken**[1], schoss sie ihm direkt in die Brust.

Als sich der Fahrstuhl im Erdgeschoss wieder öffnete, saß Anna zitternd in einer Ecke. Die SEK-Beamten hatten die Bank gerade betreten und waren jetzt dabei, die Räume zu sichern.

Nichts ahnend[2] nahmen die Beamten Anna mit und brachten sie zum Krankenwagen. Der Notarzt erklärte, dass sie unter Schock stünde, aber sonst unverletzt sei. Anna bedankte sich, nahm die Beruhigungstabletten, die man ihr **reichte**[3], und **gab ihre Aussage zu Protokoll**[4]. Natürlich teilte sie den Polizisten auch mit, dass sie den Alarmknopf gedrückt hatte, was Zeugen später bestätigten. So verdächtigte sie niemand, etwas mit dem Banküberfall zu tun zu haben. Nach dem Verhör bei der Polizei stieg sie in ein Taxi und fuhr in ihre Wohnung.

Eine Woche später **ging** in der Bank endlich alles wieder **seinen gewohnten Gang**[5]. Nachdem die Polizei weder Lenny noch das gestohlene Geld gefunden hatte, war sie davon ausgegangen, dass der letzte noch lebende Bankräuber mit der Beute ins Ausland geflohen war.

Wie immer öffnete Anna um 07.55 die Filiale. Doch anstatt nach Feierabend mit den Kollegen etwas trinken zu gehen, würde sie heute Überstunden machen.

Nachdem all ihre Kollegen gegangen waren und sie sicher sein konnte, dass niemand mehr in der Filiale war, ging sie zum Fahrstuhl, öffnete die Kabinendecke und nahm die Tasche

1 **ohne mit der Wimper zu zucken (idiom.)** – *ohne ein schlechtes Gewissen zu haben*
2 **nichts ahnend** – *nicht wissend, was gerade passiert*
3 **jmdm. etw. (Akk.) reichen** – *jmdm. etw. (Akk.) geben*
4 **seine Aussage zu Protokoll geben** – *seine Sicht der Dinge darstellen, damit diese aufgeschrieben wird*
5 **seinen gewohnten Gang gehen** – *so wie immer sein*

mit den Wertsachen und der Waffe heraus. Dann löschte sie alle Videoaufnahmen von sich, verließ die Bank und schloss hinter sich ab. Erst wenn die Polizei anfangen würde, **nach** ihr zu **fahnden**[1], würde man feststellen, dass sie unter falschem Namen in der Bank gearbeitet hatte und bereits in zwei weiteren Ländern wegen Mordes und Diebstahls gesucht wurde.

Der Münsterplatz in Freiburg

Der Münsterplatz liegt in der malerischen Freiburger Altstadt, direkt am Freiburger Münster, einer Kathedrale im gotischen Stil mit einem 116 Meter hohen Turm. Dort befinden sich unter anderem auch die Stadtbibliothek und das Historische Kaufhaus. Am Rand des Platzes fließen die sogenannten *Freiburger Bächle*. Diese kleinen Seitenflüsse der Dreisam haben eine Gesamtlänge von 15,5 Kilometern und sind in vielen Straßen und Gassen der Altstadt zu sehen.

An allen Werktagen findet vormittags ein Wochenmarkt auf dem Münsterplatz statt. Die 80 bis 180 Marktstände bieten auf zirka 10.000 Quadratmetern eine Vielzahl an Lebensmitteln, Gebrauchs- und Kunstgegenständen sowie Souvenirs an.

1 **nach jmdm. fahnden** - *jmdn. polizeilich suchen*

5. IM NEBEL

Es war Herbst – eine Septembernacht –, als sich ein **dichter**[1] Nebel wie eine Decke über alles legte. Der Nebel schien aus dem Nichts aufzutauchen, ohne jede **Vorwarnung**[2].

Zu dieser Zeit hielt sich der pensionierte Polizeipsychologe Frederik Marchant in Zürich auf. Er besuchte seine Nichte Maria, die mit ihrem Mann und ihren drei Kindern seit einem Jahr in Zollikon lebte. Eine ganze Woche wollte er nun hier bleiben. Doch er übernachtete nicht bei seiner Nichte, sondern im Hotel Krone in der Innenstadt. Auch wenn er Maria und ihre Kinder Sébastien, Éloise und Jérôme noch so sehr liebte – Marchant brauchte seine **Unabhängigkeit**[3]. Sein Hotelzimmer **war mit** einer kleinen Küche **ausgestattet**[4], sodass er sich während seines Aufenthalts selber kleinere Mahlzeiten zubereiten konnte. Alle notwendigen Einkäufe hatte Marchant am Tag seiner Anreise gemacht. Nun war sein kleiner Kühlschrank mit Lebensmitteln gefüllt und er machte einen Spaziergang. Die Herbstsonne schien auf das **rostfarbene**[5] Blättermeer, entlang der **Alleen**[6] an der **Seepromenade**[7]. Weit und breit gab es keinen Hinweis darauf, dass das Wetter in der kommenden Nacht **umschlagen**[8] würde.

Als Marchant jedoch am nächsten Morgen erwachte und aus dem Fenster blickte, hatte der Nebel die Stadt komplett eingenommen. Erst dachte er, er träume.

1 **dicht** – *dick, so dass man nicht hindurchsehen kann*
2 **die Vorwarnung** – *rechtzeitige Warnung*
3 **die Unabhängigkeit** – *Zustand, in dem jmd. seine eigenen Entscheidungen trifft*
4 **mit etw. (Dat.) ausgestattet sein** – *etw. (Akk.) haben*
5 **rostfarben** – *rotbraun wie Eisen, das zu lange im Wasser gelegen hat*
6 **die Allee** – *Straße, neben der rechts und links eine Reihe von Bäumen steht*
7 **die Seepromenade** – *Spazierweg an einem See mit schöner Aussicht*
8 **umschlagen (Wetter)** – *sich völlig verändern*

Doch auch nachdem er sich mit kaltem Wasser das Gesicht gewaschen hatte, blieb die Stadt in Weiß **gehüllt**[1]. Marchant zog sich an, nahm seinen Stadtplan und ging hinunter in die Hotellobby.

An der Rezeption fragte er, ob man ihm ein Taxi rufen könnte.

Er hörte eine Stimme sagen: „Tut mir leid, ich habe gerade von der Taxizentrale erfahren, dass sie den Betrieb wegen des Nebels für heute **eingestellt**[2] haben. Durch den Nebel kam es heute Morgen schon zu **etlichen**[3] Unfällen."

Marchant nickte und holte seinen Stadtplan hervor. „Können Sie mir bitte sagen, wie ich nach Zollikon komme?"

„Sie können mit der **Tram**[4] fahren, wenn sie heute in Betrieb ist", sagte die Rezeptionistin und kreuzte den Standort des Hotels und den Bahnhof von Zollikon an.

„Am besten steigen Sie an der Kronenstraße in die 14 und fahren dann zum Bahnhofsplatz. Dort steigen sie dann in die S6 bis Zollikon. Das dauert ungefähr 20 bis 25 Minuten."

Marchant bedankte sich und machte sich auf den Weg.

Das Gefühl, nicht zu wissen, was direkt vor ihm lag, **behagte**[5] ihm gar nicht. Er streckte seinen rechten Arm aus und **tapste**[6] langsam durch den Nebel, um nur keine anderen Fußgänger **anzurempeln**[7]. Doch ganz vermeiden ließ es sich nicht. Eine Frau mit einem weinenden Kind entschuldigte sich bei ihm auf Französisch. Wenig später **beschimpfte**[8] ihn ein Mann in einem Anzug, der es offenbar sehr eilig hatte. Langsam verlor Marchant die Geduld und die Orientierung. Nervös hielt er sich den Stadtplan direkt vor die Augen, um die Straßennamen

1 **etw. in etw. (Akk.) hüllen** - *etw. in etw. (Akk.) einpacken (hier bildlich)*
2 **einstellen** - *(hier:) aufhören, beenden*
3 **etliche** - *einige*
4 **die Tram (Schweizerisch)** - *Straßenbahn*
5 **jmdm. behagen** - *jmdm. gefallen, angenehm sein*
6 **tapsen** - *unsicher gehen*
7 **jmdn. anrempeln** - *mit dem eigenen Körper gegen den Körper einer anderen Person stoßen*
8 **jmdn. beschimpfen** - *jmdn. mit Schimpfwörtern beleidigen*

besser lesen zu können, aber als er endlich eine der Straßen, durch die er lief, wiedergefunden hatte, musste er feststellen, dass er genau in die falsche Richtung gelaufen war.

Also drehte Marchant sich auf der Stelle um und versuchte, genau den Weg wieder zurückzugehen, den er gekommen war. Weitere Menschen liefen ihm dabei über den Weg: ein **Obdachloser**[1], der einen Einkaufswagen vor sich herschob, und ein Saxophonspieler, der am Straßenrand ein Jazzstück spielte. Mit einem Mal hörte Marchant, wie eine Fensterscheibe eingeschlagen wurde. Dann schrie jemand, ein Kind weinte. Zuletzt fuhr irgendwo in der Ferne ein Polizeiauto vorbei. All diese Eindrücke erschienen inmitten des Nebels unwirklich und abstrakt. Marchant stellte sich vor, wie der Nebel in die Köpfe der Menschen **gesickert**[2] war und langsam an ihrem Verstand zu **nagen**[3] begann.

Nach einiger Zeit stand Marchant endlich wieder vor seinem Hotel. In der Lobby hatte sich mittlerweile eine Gruppe von Menschen gebildet. Einige unterhielten sich aufgeregt miteinander, andere sprachen oder tippten in ihre Handys. Auf dem Boden lag eine ältere Frau, der die Rezeptionistin **Luft zufächelte**[4]. Marchant ging hinüber und fragte, was passiert sei.

Ein junger Mann mit einem **auffälligen**[5] Tattoo am Hals, der neben der Frau stand, antwortete: „Sie ist vorhin einfach so **umgekippt**[6]."

„Mein Mann!", sagte die ältere Frau mit schwacher Stimme, hob den Arm und zeigte nach draußen. „Er ist noch da draußen. Bitte, jemand muss ihn finden."

1 **der/die Obdachlose** – *Person, die keine Wohnung hat und deswegen auf der Straße lebt*
2 **sickern** – *langsam durch kleine Löcher in etw. hinein- oder aus etw. herauskommen, meist von Flüssigkeiten*
3 **nagen** – *mit den Zähnen ein kleines Stückchen abbeißen, (hier:) langsam zerstören*
4 **jmdm. Luft zufächeln** – *ein Stück Papier so vor jmdm. bewegen, dass ein kleiner Wind entsteht*
5 **auffällig** – *so groß/bunt, dass man es sofort sieht*
6 **umkippen** – *umfallen (infolge eines Schocks oder einer Krankheit)*

Marchant fragte, wie ihr Mann hieß. „Erich...Erich Lichtenberg. Wir waren nur einige Meter vom Hotel entfernt und dann..."

Die Frau **sackte** wieder in sich **zusammen**[1].

„Rufen Sie einen Krankenwagen. Ich werde nach ihrem Mann suchen", sagte Marchant zu einem der Gäste.

Da stellte sich der junge Mann neben Marchant. „Ich komme mit. Zu zweit sind wir schneller."

Marchant willigte **zögernd**[2] ein.

Die beiden traten hinaus in den Nebel. „Wie heißt du?", fragte Marchant.

„Ist das wichtig?", antwortete der junge Mann unfreundlich.

„Falls wir uns hier draußen verlieren sollten", erklärte Marchant.

Der junge Mann **grinste**[3]. „Keine Sorge, ich **hau** schon nicht **ab**[4]."

Dicht nebeneinander gingen die beiden die Straße entlang und riefen immer wieder nach Erich Lichtenberg. Als sie weit genug vom Hotel entfernt waren, blieb der junge Mann plötzlich stehen, zog ein Taschenmesser aus der Tasche und hielt es Marchant unter die Nase. „**Kohle**[5] her, oder ich **steche** dich **ab**[6]! Ich **schwöre**[7], ich steche dich ab!"

Marchant blieb ruhig. „Schon gut, schon gut. Ich gebe dir mein Geld."

Er griff in seine hintere Hosentasche, holte sein Portemonnaie heraus und gab es dem jungen Mann.

„Jetzt deine Uhr!"

Marchant **zögerte**[8].

1 **in sich zusammensacken** – *keine Kraft mehr haben und daher wieder unbeweglich liegen oder sitzen*
2 **zögernd** – *nach einigem Nachdenken und ohne Überzeugung*
3 **grinsen** – *breit lächeln*
4 **abhauen (ugs., sal.)** – *verschwinden, weggehen*
5 **die Kohle (ugs.)** – *Geld*
6 **jmdn. abstechen** – *jmdn. mit einem Messer töten*
7 **(jmdm. etw.) schwören** – *(jmdm. etw.) fest versprechen*
8 **zögern** – *unentschlossen sein*

„Na los, mach schon!“, schrie der Dieb.

Marchants verstorbene Frau hatte ihm die Uhr damals zum zehnten Hochzeitstag geschenkt.

„Die ist nichts wert. Ehrlich.“

„Hörst du schlecht? Her damit!“

Marchant überlegte, was er tun könnte, doch ihm fiel nichts ein. Langsam begann er, das Armband seiner Uhr zu öffnen.

Gerade als Marchant dem jungen Mann seine Uhr geben wollte, spürte er mit einem Mal einen stechenden Schmerz im **Oberschenkel**[1]. Der junge Mann stand nun ganz dicht vor ihm und hatte ihm das Messer ins Bein **gerammt**[2]. Jetzt nahm er die Uhr an sich und zog das Messer aus Marchants Bein. Marchant schrie auf, ein heftiger Schmerz schoss durch sein Bein, er **taumelte**[3] einige Schritte zurück. Da kam plötzlich aus dem Nichts ein Auto über den Bürgersteig gerast, fuhr den jungen Mann an und **schleuderte**[4] ihn auf die Straße. Mit **quietschenden**[5] Reifen hielt das Auto endlich vor Marchant an. Hinter dem **Steuer**[6] saß eine Frau. Voller Panik stieg sie aus dem Auto und rannte weg.

Marchant rief ihr nach, dass sie stehenbleiben solle, doch sie war bereits im Nebel verschwunden. Marchant fühlte, wie das Blut aus der Wunde sickerte und drückte eine Hand darauf. Die Blutung musste so schnell wie möglich gestoppt werden. Doch als Polizist wusste sich Marchant zu helfen. Er zog sein Hemd aus und band es fest um die Wunde. Dann **humpelte**[7] er zu dem jungen Mann, der etwa fünf Meter davon entfernt auf dem Rücken lag.

1 **der Oberschenkel** – *oberer Teil des Beins*
2 **etw. (Akk.) in etw. (Akk.) rammen** – *mit viel Kraft in etw. (Akk.) stechen/stoßen*
3 **taumeln** – *auf unsicheren Beinen gehen, fast hinfallen*
4 **jmdn. schleudern** – *jmdn. mit viel Kraft durch die Luft werfen*
5 **quietschen** – *lautes Geräusch, das ein Auto macht, wenn man plötzlich stark bremst*
6 **das Steuer** – *(hier:) Lenkrad, mit dem der Fahrer ein Auto lenkt*
7 **humpeln** – *ungleichmäßig laufen, wenn man mit einem Fuß nicht auftreten kann*

„Scheiße! Mein Bein – es ist gebrochen!“, **stöhnte**[1] der junge Mann.

Trotz seiner Schmerzen **kniete sich**[2] Marchant neben ihn und durchsuchte seine Hosentasche, nahm seine Uhr wieder an sich und warf das Taschenmesser weg.

„Kannst du aufstehen?“, fragte Marchant.

„**Verpiss dich**[3], Alter!“, **blaffte** dieser **zurück**[4].

Marchant nahm das Handy des jungen Mannes aus dessen Hosentasche und rief einen Krankenwagen.

Dann stand er auf und humpelte zurück in Richtung Hotel. Er musste sich jetzt um seine Blutung kümmern. Völlig **ermattet**[5] kam er schließlich am Hotel an. In der Lobby sah er die ältere Dame und neben ihr einen älteren Herr, der ihre Hand hielt. ‚Ihr Ehemann, er ist zurück‘ dachte er noch, dann **wurde** ihm **schwarz vor Augen**[6] und er sank zu Boden.

Als Marchant erwachte, lag er in einem Bett. Seinem Hotelbett, wie er feststellte. Sein Kopf schmerzte und seine Kehle brannte vor Durst. Nur mit Mühe schaffte er es, sich **aufzurichten**[7]. Um seinen Oberschenkel trug er jetzt einen Verband. Das blutige Hemd lag im Abfalleimer neben dem Schreibtisch. Marchant suchte nach seinem Handy und fand es auf dem Nachttisch. Er wählte Marias Nummer und hörte **sogleich**[8] ein Klingeln, das aus dem Hotelbadezimmer zu kommen schien. Und da kam Maria zu Marchants Erstaunen auch schon in sein Zimmer gestürzt und **umarmte** ihn **stürmisch**[9].

„Onkel! Du bist wieder wach! Wir haben uns solche Sorgen gemacht.“

1 **stöhnen** – *einen lang gezogenen Laut von sich geben (hier: vor Schmerzen)*
2 **sich knien** – *sich auf die Knie ‚setzen‘*
3 **Verpiss dich! (vulg.)** – *Hau ab!*
4 **zurückblaffen (ugs.)** – *unfreundlich und laut antworten*
5 **ermattet** – *kraftlos, sehr müde*
6 **jmdm. wird schwarz vor Augen (idiom.)** – *jmd. wird ohnmächtig, jmd. fällt um*
7 **sich aufrichten** – *sich gerade hinsetzen oder hinstellen*
8 **sogleich** – *sofort*
9 **jmdn. stürmisch umarmen** – *jmdn. spontan sehr fest umarmen*

„Was tust du denn hier?", wunderte sich Marchant. „Wie bist du hierhergekommen? Was ist mit dem Nebel? Sag bloß, du bist mit dem Auto gefahren!"

Maria schaute ihn etwas **verdutzt**[1] an. „Nebel? Was denn für ein Nebel?"

Marchant schaute aus dem Hotelzimmerfenster und tatsächlich – der Nebel hatte **sich aufgelöst**[2].

„Wie lange war ich denn ohnmächtig?", fragte Marchant.

„Keine Ahnung, aber jetzt bist du ja wieder wach. Das ist doch die Hauptsache. Möchtest du etwas essen?", fragte Maria fröhlich. Sie ging in die Küche und schaute in den kleinen Kühlschrank.

„Wir haben Milch, Eier, Butter – soll ich dir vielleicht ein Omelett machen?"

Während Maria **unbekümmert**[3] **weiterplapperte**[4], sah Marchant, wie die Hotelzimmertür langsam geöffnet wurde und der junge Mann mit dem auffälligen Hals-Tattoo ins Zimmer **schlich**[5]. Mit einem Grinsen auf den Lippen und erhobenem Taschenmesser ging er auf Maria zu. Marchant schrie: „Maria! Pass auf! Hinter dir!"

Doch noch bevor sie sich umdrehen konnte, hatte er ihr das Messer bereits in den Rücken gerammt.

Mit einem Schrei erwachte Marchant. Er war **in Schweiß gebadet**[6]. Doch diesmal lag er nicht in seinem Hotelbett, sondern in einem Krankenhauszimmer. Marchant versuchte, sich hinzusetzen, doch es gelang ihm nicht. Hilflos drückte er den **Schwesternruf**[7], der neben seiner Hand lag. Kurze Zeit später kam eine Krankenschwester ins Zimmer.

„Ah, Herr Marchant. Sie sind wach. Ich hole gleich den Arzt."

1 **verdutzt** – *erstaunt, überrascht*
2 **sich auflösen** – *verschwinden, weggehen*
3 **unbekümmert** – *ohne sich Sorgen zu machen, sorglos*
4 **weiterplappern** – *weiter viel und Unwichtiges reden*
5 **schleichen** – *leise und langsam gehen*
6 **in Schweiß gebadet sein (idiom.)** – *vor Angst schwitzen*
7 **der Schwesternruf** – *Klingel, die man im Krankenhaus drückt, um eine Krankenschwester zu rufen*

„Nein – warten Sie!“ sagte Marchant mit **heiserer**[1] Stimme. „Was ist passiert? Wo bin ich?“

„Ich hole den Arzt, er wird Ihnen alles erklären, ja? Ach, und Ihre Nichte ist auch hier. Ich gebe ihr Bescheid, dass Sie wach sind.“

Noch bevor Marchant etwas sagen konnte, war die Krankenschwester bereits wieder verschwunden. Marchant hatte so viele Fragen. Doch es fühlte sich so an, als müsse er noch eine Ewigkeit warten, bis der Arzt endlich bei ihm war.

„Guten Tag. Mein Name ist Doktor Severin.“

„Wo ist Maria? Lassen Sie mich bitte mit Maria sprechen.“

„Ich bin doch hier“, hörte er eine **sanfte**[2] Stimme neben sich. Maria hielt seine Hand, während ihr Tränen über die Wangen liefen.

„Was ist passiert? Wie bist du hierhergekommen? Ist der Nebel denn schon verschwunden?“ fragte er sie.

Maria wischte sich die Tränen aus dem Gesicht. „Was für ein Nebel? Wir haben **strahlenden Sonnenschein**[3]. Schau!“ Sie **rückte**[4] ein Stück zur Seite und gab die Sicht aufs Fenster frei.

Und tatsächlich – weit und breit kein Nebel. Der Wind zog durch die **Baumkronen**[5] und ließ die Blätter **rascheln**[6]. Marchant wurde unruhig, denn er erinnerte sich an seinen Traum.

„Und wo ist der junge Mann? Der Dieb? Habt ihr ihn schon festgenommen? Er ist gefährlich!“

„Ich weiß nicht, was du meinst, Onkel. Von welchem Mann redest du?“

„Na, von dem, der mich niedergestochen hat!“

Maria schaute den Arzt fragend an.

1 **heiser (Stimme)** – *rau und tief*
2 **sanft** – *lieb, freundlich, nett*
3 **der strahlende Sonnenschein** – *sehr schöner Sonnenschein*
4 **rücken** – *die Position verändern*
5 **die Baumkrone** – *oberer Teil eines Baums*
6 **rascheln** – *Geräusch, wenn sich Blätter an Ästen bewegen*

„Das ist völlig normal in dem Stadium der **Demenz**[1]", sagte der Arzt zu Maria. „Er wird sich immer wieder an alte **Begebenheiten**[2] erinnern – so, als wären sie gerade erst passiert."

„Was soll das?", schrie Marchant **aufgebracht**[3]. „Ich bin doch nicht verrückt! Schauen Sie!"

Er zog die Bettdecke weg, um dem Arzt seine Wunde zu zeigen.

Aber an der Stelle, die vorhin noch so stark geblutet hatte, war nur eine alte **Narbe**[4].

„Das ist bereits Jahrzehnte her, Onkel. Er wurde längst festgenommen und **verurteilt**[5]."

Marchant versuchte aufzustehen, doch der Arzt hielt ihn zurück.

„Sie sind schwer gestürzt, Herr Marchant. Wir behalten Sie noch einige Tage hier. Zur Beobachtung."

„Leg dich wieder hin, Onkel. Ich komme gleich wieder und besorge dir etwas zu lesen."

Maria gab ihm einen Kuss auf die Stirn und verließ mit dem Arzt das Krankenzimmer.

Marchant fühlte, wie seine **Augenlider**[6] langsam schwer wurden und er in einen tiefen Schlaf fiel. In seinem Traum erschien ihm seine Frau mit seiner Uhr in den Händen.

„Hier", sagte sie. „Ich habe sie gefunden."

Marchant umarmte sie **innig**[7]. Es fühlte sich warm und vertraut an. Doch hinter ihr, in der Ferne, sah er erneut eine Nebeldecke **heraufziehen**[8]. Sie war mächtiger und dichter als die zuvor. Doch diesmal, so nahm er sich vor, würde er einen Weg herausfinden.

1 **die Demenz** – *Krankheit im Gehirn, Verlust der geistigen Funktionen wie z.B. Denken, Erinnern, Orientierung*
2 **die Begebenheit** – *Ereignis*
3 **aufgebracht** – *wütend*
4 **die Narbe** – *Zeichen auf der Haut, das bleibt, wenn man sich schwer verletzt hat oder operiert wurde*
5 **verurteilen** – *vor Gericht ein Urteil sprechen, das zu einer Strafe führt*
6 **das Augenlid** – *Teil des Auges (Haut), das sich schließen lässt*
7 **innig** – *eng verbunden, sehr liebevoll*
8 **heraufziehen (Nebel)** – *aus einem Tal nach oben steigen*

Seepromenade am Zürichsee

Der Zürichsee liegt zwischen Schmerikon am Ostende und der Stadt Zürich im Norden, in den Kantonen St. Gallen, Schwyz und Zürich. Mit zirka 88 Quadratkilometern Fläche und einer Länge von 42 Kilometern ist er der fünftgrößte See der Schweiz.

Um 1800 entstand am unteren Seebecken eine große Parkanlage. Die fertige Promenade sollte den Anwohnern und Touristen viele Möglichkeiten für ein damals sehr beliebtes Hobby geben - das *Promenieren* (Spazierengehen). So wurde die Kleinstadt am Fluss nach und nach zu einer Großstadt am See.

Heute ist die Seepromenade noch immer ein sehr beliebter Treffpunkt für Sportler, Straßenkünstler, Schwimmer und Verkäufer. Auf der Aussichtsterrasse am Bürkliplatz, in der Mitte der Uferpromenade, hat man einen guten Blick auf verschiedene Quais am See.

6. NUMMER 389

Langsam ließ Dr. Martin ein paar Tropfen in den **Kolben**[1] fallen. Die neutrale Flüssigkeit färbte sich erst blau, dann grün. Langsam begann er, das Glas zu **schwenken**[2], bis alles gut vermischt war. Dann füllte er die Flüssigkeit in mehrere **Reagenzgläser**[3] und stellte sie auf die Seite. Als er damit fertig war, zog er seine Handschuhe und die Schutzbrille aus, wusch sich gründlich die Hände, ging hinüber in einen Nebenraum, der mit großen und kleinen Käfigen gefüllt war, und schaltete die Deckenlampe an. Ein **schummriges**[4] Licht breitete sich im Raum aus.

In den Käfigen waren Katzen, Hunde und **Nagetiere**[5] aller Art. Nur in einem Käfig lag in der hinteren Ecke **zusammengekauert**[6] eine Frau auf dem Boden. Sie trug nur einen **Kittel**[7]. Über ihrem Käfig stand die Nummer 389.

In einer Ecke des Raumes standen mehrere Säcke mit Trockenfutter für die Katzen, Hunde und Nagetiere. Mit einem Messlöffel füllte Dr. Martin mehrere Schüsseln mit Trockenfutter und stellte sie den Tieren in die Käfige. Hungrig stürzten sich die Tiere auf die Schüsseln und **verschlangen**[8] das Futter. Dann füllte er eine weitere Schüssel mit einer Art Brei aus dem Kühlschrank und stellte sie der Frau vor den Käfig.

1 **der Kolben** - *Glas mit schmalem Hals und dickem Bauch, das in der Chemie zum Mischen benutzt wird*
2 **schwenken** - *hin- und herbewegen*
3 **das Reagenzglas** - *dünnes, langes Glas, das in der Chemie benutzt wird*
4 **schummrig** - *nicht sehr hell*
5 **das Nagetier** - *Tier mit scharfen und langen Vorderzähnen, z.B. Maus, Hase oder Ratte*
6 **sich zusammenkauern** - *die Knie an den Körper ziehen und den Kopf auf die Brust senken*
7 **der Kittel** - *Art Mantel, meist aus weißem Stoff, den z. B. Ärzte oder Chemiker tragen*
8 **etw. (Akk.) verschlingen** - *(hier:) etw. (Akk.) schnell fressen*

Das letzte Mal, als er den Käfig geöffnet hatte, um ihr etwas zu essen zu bringen, hatte sie ihn in die Hand gebissen. Nur mit einer **Betäubungsspritze**[1], die er immer in der Kitteltasche trug, hatte er sie **ruhigstellen**[2] können.

Dr. Martin wartete einen Moment vor dem Käfig und beobachtete, wie sich ihr **Brustkorb**[3] hob und senkte. Vorsichtig trat er näher und fühlte ihren Puls. Merkwürdigerweise ging der sogar etwas schneller als sonst. Sie lebte also noch, schlief aber offenbar.

Um sie zu wecken, **rüttelte**[4] er erst am Käfig, dann strich er mit einem Schlüssel am Metallgitter entlang, doch sie blieb bewegungslos liegen. **Widerwillig**[5] beschloss er, die Käfigtür zu öffnen und sie zu untersuchen. In den vergangenen drei Tagen hatte sie weder richtig gegessen noch getrunken. Für seine Experimente musste sie aber gesund sein.

Auf diese Gelegenheit schien die Frau nur gewartet zu haben. Wie eine Wilde stürzte sie sich auf ihn, stieß ihn mit voller **Wucht**[6] gegen den Käfig, schlug ihm mehrere Male ins Gesicht und trat gegen seinen Oberkörper, als er am Boden lag. Dann rannte sie barfuß und nur mit dem Kittel bekleidet aus dem Raum. Dr. Martin brauchte einen Moment, um sich von dem Schlag zu erholen, denn durch seine **ALS-Krankheit**[7] war er sehr schwach.

Mit einiger Mühe stand er auf, ging zu seinem Waffenschrank, nahm ein **Betäubungsgewehr**[8] heraus und lud es mit Betäubungspfeilen. Aus seinem Mundwinkel tropfte Blut. Doch darum konnte er sich jetzt nicht kümmern. Nummer 389 musste wieder in ihren Käfig.

1 **die Betäubungsspritze** – *Spritze mit einer Flüssigkeit, die jmdn. sehr müde/schläfrig macht*
2 **jmdn. ruhigstellen** – *jmdn. mit Hilfe von Medikamenten ruhig machen*
3 **der Brustkorb** – *oberer Teil des Körpers*
4 **an etw. (Dat.) rütteln** – *mit den Händen an etw. (Dat.) wackeln, um es zu lösen*
5 **widerwillig** – *gegen seinen Willen, ohne große Lust*
6 **die Wucht** – *Kraft bei einem Stoß oder Schlag*
7 **die ALS-Krankheit – Amyotrophe Lateralsklerose** – *Nervenkrankheit, die die Muskulatur schwächer werden lässt*
8 **das Betäubungsgewehr** – *Waffe, mit der Narkosemittel verschossen werden*

Als er den Flur entlangging, merkte er, wie seine Beine schwer wurden, doch er durfte auf keinen Fall stehenbleiben. Zwar hatte Nummer 389 überhaupt keine Chance, aus dem Labor zu fliehen, aber es kostete unnötig Zeit. In dem **unterirdischen[1] Bunker[2]**, in dem sie sich befanden, gab es nämlich nur einen Ausweg – eine dicke Eisentür am Ende einer kleinen Treppe. Und die hatte er mit einer schweren Eisenkette verschlossen. Doch er musste unbedingt so schnell wie möglich mit seinen Tests weitermachen.

Also zielte Dr. Martin mit dem Gewehr in den dunklen Flur hinein. Irgendwo vor ihm musste Nummer 389 sein. Er konnte hören, wie sie panisch um Hilfe schrie.

„Vergiss es! Du kommst hier nicht raus. Da ist abgeschlossen und den Schlüssel habe nur ich!“, rief er, während er langsam weiterging. Sie stand bereits an der Bunkertür und rüttelte mit aller Kraft an der schweren Kette. Als sie ihn mit erhobenem Gewehr auf sich zukommen sah, ließ sie die Hände sinken, stieg die Treppenstufen hinunter und ließ sich auf den Boden fallen.

„Bitte, nicht schießen!“, **flehte[3]** sie. Doch **davon ließ sich** Dr. Martin **nicht beeindrucken[4]**.

„Das sind nur Betäubungspfeile. Sie werden ein bisschen schlafen, sonst nichts weiter.“

„Nein! Bitte nicht! Warum tun Sie das alles nur?“, **wimmerte[5]** die Frau.

Dr. Martin versuchte, trotz des schweren Gewehrs möglichst gerade zu stehen. „Das tue ich alles nur für die Wissenschaft – für die Menschheit! Sie haben ja keine Ahnung, was da draußen vor sich geht – was **uns** allen noch **bevorsteht[6]**! Das Virus, es

1 **unterirdisch** – *unter der Erde*
2 **der Bunker** – *Betonraum ohne Fenster, der während des Krieges zum Schutz vor Bombenangriffen genutzt wurde*
3 **flehen** – *von ganzem Herzen bitten*
4 **sich von etw. (Dat.) nicht beeindrucken lassen** – *sich durch etw. (Akk.) nicht stören lassen*
5 **wimmern** – *leise und hilflos weinen*
6 **jmdm. bevorstehen** – *auf jmdn. zukommen, für jmdn. zu erwarten sein*

breitet sich immer weiter aus – es ist bereits hier, unter uns!", erklärte er **völlig außer sich**[1].

„Was für ein Virus? Wovon reden Sie nur?", fragte sie verzweifelt.

„Ach, das verstehen Sie nicht – wie sollten Sie auch? Es ist streng geheim – die Regierung hält alles unter Verschluss!", erklärte er.

„Und dafür **entführen**[2] Sie Menschen und experimentieren mit ihnen? Wir sind doch keine Laborratten!"

„Verstehen Sie das denn nicht? Wir müssen doch wissen, ob das Gegenmittel wirkt oder nicht", sagte er und legte den Finger auf den **Abzug**[3].

„Nein! Ich tue alles, was Sie wollen. Bitte schießen Sie nicht!"

Dr. Martin sah sie kühl an.

„Das war vorhin schon das zweite Mal, dass Sie mich **angegriffen**[4] haben."

„Ich verspreche Ihnen, dass ich mit Ihnen komme."

Da nahm er **Handschellen**[5] aus seinem Kittel und warf sie ihr zu. „Anlegen! Na los!"

Die Hände der Frau zitterten so sehr, dass ihr die Handschellen immer wieder auf den Boden fielen.

Ungeduldig schaute Dr. Martin auf seine Armbanduhr. „Machen Sie schon! Wir sind sowieso schon spät dran!"

„Ich versuche es doch!"

„Na, geben Sie schon her!", sagte er und hängte sich das Gewehr um.

Doch kaum **bückte** er **sich**[6], um die Handschellen aufzuheben, stürzte sich die Frau auf ihn, sodass er **rücklings**[7] hinfiel.

1 **völlig außer sich** – *ohne Kontrolle über sein Verhalten*
2 **jmdn. entführen** – *eine fremde Person gegen ihren Willen mitnehmen*
3 **der Abzug** – *kleiner Hebel an Waffen zum Auslösen eines Schusses*
4 **jmdn. angreifen** – *sich auf jmdn. stürzen, jmdn. attackieren*
5 **die Handschellen (Pl.)** – *zwei Ringe aus Eisen, die mit einer Kette miteinander verbunden sind (für die Hände von Gefangenen)*
6 **sich bücken** – *den Oberkörper nach unten biegen*
7 **rücklings** – *rückwärts, nach hinten*

Nummer 389 riss das Gewehr an sich und zielte nun auf den am Boden liegenden Doktor.

„Na, wie gefällt Ihnen das?!“, schrie sie und schob die Handschellen mit dem Fuß zu ihm.

„Anlegen!“, befahl sie.

Er tat, was sie von ihm verlangte, und **streifte sich** die Handschellen **über**[1].

„Jetzt geben Sie mir den Schlüssel!“

„Der ist in meiner Kitteltasche – da komme ich doch so nicht dran!“

Die Frau aus Käfig Nr. 389 zielte ungeduldig auf seine Brust. „Ich schieße – glauben Sie mir, ich tue es!“

Widerwillig **kramte**[2] der Doktor daraufhin in seiner Kitteltasche, zog schließlich den Schlüssel heraus und warf ihn auf den Boden. Die Frau nahm den Schlüssel und rannte in Richtung Bunkertür.

Nun war es der Doktor, der flehte: „Bitte – Sie dürfen nicht gehen. Sie müssen hierbleiben!“

Doch sie war bereits an der Tür, hatte die Kette schon geöffnet und warf sich nun mit aller Kraft gegen die schwere Bunkertür. Als die Frau schließlich nach Tagen der **Gefangenschaft**[3] in den Wald trat, **blendete**[4] sie das Tageslicht. Es war so kalt, dass sie ihren Atem sehen konnte. Die Bäume trugen keine Blätter mehr und der Waldboden war von **Reif**[5] bedeckt.

Sie nahm sich keine Zeit, sich genauer umzusehen, sondern rannte einfach los – weg, nur weg von diesem schrecklichen Bunker.

1 **sich (Dat.) etw. (Akk.) überstreifen** – *sich (Dat.) etw. (Akk.) anziehen*
2 **kramen** – *(hier:) in einer kleinen, vollen Tasche nach etw. (Dat.) suchen*
3 **die Gefangenschaft** – *Zeit, die jemand gegen seinen Willen in einem geschlossenen Raum verbringen muss*
4 **jmdn. blenden** – *so hell sein, dass man die Augen schließen muss*
5 **der Reif** – *dünne Eisschicht*

Bald waren ihre nackten Füße taub vor Kälte, doch sie wusste: Sie durfte nicht stehenbleiben. Schließlich **stand** ihr Leben **auf dem Spiel**[1].

In der Hoffnung, irgendwo auf eine Landstraße zu treffen, schaute sie sich immer wieder nach allen Seiten um. Ihre Brust **schnürte sich** mit jedem Schritt weiter **zu**[2], ihr Puls **raste**[3] und der **Schweiß**[4] **rann**[5] ihr übers Gesicht. Bald hörte sie den Doktor rufen. War er etwa trotz der Handschellen aus dem Bunker gekommen? **Um keinen Preis**[6] durfte er sie einholen.

Und dann, nur wenige hundert Meter vor ihr, sah sie eine Landstraße und zwei Männer. Erleichtert schrie sie um Hilfe und rannte auf sie zu. Die beiden trugen eine Uniform, standen in der Nähe eines Militärfahrzeugs und rauchten gerade eine Zigarette. Diese beiden Soldaten würden ihr bestimmt helfen! Ohne weiter nachzudenken, lief die Frau auf sie zu. Sofort hörten die Soldaten auf zu rauchen, warfen ihre Zigaretten auf den Boden und schauten die Frau verwundert an.

„Was ist denn mit Ihnen los?", fragte der eine.

„Ich bin entführt worden – bitte, Sie müssen mich hier wegbringen. Dieser Verrückte da hinten hat mich gegen meinen Willen in einen Bunker gebracht und dort festgehalten!"

Die beiden Männer schauten sich an.

„Kommen Sie", meinte der eine. „Setzten Sie sich ins Auto."

„Wo – wo bin ich denn überhaupt?", fragte sie ängstlich.

Einer der Soldaten ging langsam auf sie zu. „Im Barnimer Wald."

„Was? Im Barnimer Wald? Wie bin ich nur hierhergekommen?"

„Kommen Sie, wir tun Ihnen nichts", meinte der andere Soldat, ohne ihre Frage zu beantworten.

1 **auf dem Spiel stehen (idiom.)** – *in Gefahr sein*
2 **sich zuschnüren** – *enger werden*
3 **rasen** – *sehr schnell gehen oder fahren*
4 **der Schweiß** – *Flüssigkeit, die der Körper abgibt, wenn man Angst hat*
5 **rinnen** – *langsam fließen*
6 **um keinen Preis** – *auf keinen Fall*

Irgendetwas an der Art, wie er es sagte, machte sie **stutzig**[1]. Er klang so ruhig und **besonnen**[2], zu ruhig und besonnen für ihren Geschmack. Intuitiv **wich** sie einige Schritte **zurück**[3].

Plötzlich trat hinter ihr Dr. Martin aus dem Wald. Irgendwie hatte er es geschafft, sich aus den Handschellen zu befreien. Seine Handgelenke waren ganz blutig. Völlig außer Atem kam er auf die drei zu.

„Halt!", schrie die Frau und **zielte auf**[4] Dr. Martin. „Das ist er! Das ist der Mann, der mich entführt hat!"

Daraufhin griffen beide Soldaten zu ihren Waffen, **richteten** sie aber nicht **auf**[5] Dr. Martin, sondern auf die Frau.

„Lassen Sie das Gewehr fallen, dann passiert Ihnen nichts!"

„Was tun Sie da? Er ist der Verrückte – nicht ich!", schrie die Frau verzweifelt.

„Nicht schießen! Sie hat nur ein Betäubungsgewehr. Auf gar keinen Fall schießen! Das Testobjekt ist zu wichtig!", rief da der Arzt.

Der eine Soldat schaute den Doktor und dessen blutige Hände an. „Was **in aller Welt**[6] haben Sie denn gemacht?"

„Bringen Sie sie einfach wieder zurück ins Labor, ja?", **entgegnete**[7] Dr. Martin verärgert.

Erst jetzt **dämmerte**[8] es der Frau, dass die Soldaten **mit** dem Doktor **unter einer Decke steckten**[9]. Sofort drehte sie sich um und rannte zurück in den Wald.

„Sie dürfen Ihre Laborratten in Zukunft aber nicht mehr einfach frei herumlaufen lassen", bemerkte der eine Soldat, „sonst müssen wir das melden."

1 **stutzig** – *verwundert und vorsichtig*
2 **besonnen** – *vernünftig*
3 **zurückweichen** – *rückwärtsgehen*
4 **auf jmdn. zielen** – *mit einer schussbereiten Waffe auf jmdn. zeigen*
5 **etw. (Akk.) auf jmdn. richten** – *mit etw. (Dat.) auf jmdn. zeigen*
6 **in aller Welt** – *bloß, um Himmels Willen, mein Gott*
7 **entgegnen** – *antworten*
8 **jmdm. dämmert es (ugs.)** – *jmd. versteht langsam*
9 **mit jmdm. unter einer Decke stecken (idiom.)** – *mit jmdm. gemeinsame Sache machen, ohne dass andere davon wissen*

„Fangen Sie sie einfach wieder ein. Weit kann sie ohnehin nicht kommen."

Tatsächlich fanden die Soldaten die Frau schon wenige hundert Meter hinter dem Waldrand. Ihr **Knöchel**[1] war ganz dick und sie konnte nicht mehr aufstehen. Dennoch richtete sie ihr Gewehr in ihrer Panik auf die Soldaten.

„Stehen bleiben!", schrie sie.

„Ruhig. Ganz ruhig", sagte der eine Soldat.

„Bitte! Was haben Sie vor? Ich will nicht dahin zurück! Bitte lassen Sie mich gehen!", flehte sie ihn an.

Die Soldaten **redeten** weiter beruhigend **auf** sie **ein**[2] und kamen noch näher. Daraufhin drückte sie auf den Abzug, schoss und traf einen der Männer an der Schulter. Dieser **taumelte**[3] und fiel zu Boden. Der andere Soldat stürzte sich auf die Frau, nahm ihr das Gewehr ab und eilte zu seinem Kameraden.

„**Der wird schon wieder**[4]", sagte Dr. Martin. „Helfen Sie mir lieber, das Objekt 389 in seinen Käfig zurückzubringen." Er gab dem Soldaten die Handschellen, dieser legte sie der Frau schnell an. Da sie nicht mehr laufen konnte, warf er sie sich wie einen Sack über die Schulter und trug sie in den Bunker zurück.

Nachdem der Soldat die Frau in den Käfig gelegt und sich ein wenig im Raum umgesehen hatte, fragte er etwas besorgt: „Das ist doch nicht **ansteckend**[5], oder? Ich meine, ich bin doch nicht infiziert?"

Der Doktor schüttelte den Kopf. Doch als der Soldat **sich zum Gehen wandte**[6], stieß ihm Dr. Martin eine Spritze in den **Nacken**[7] und schleifte anschließend den leblosen Körper des Mannes in einen anderen Raum.

1 **der Knöchel** – *(hier:) Knochen am Fußgelenk*
2 **auf jmdn. einreden** – *so viel reden, dass der andere nichts mehr sagen kann*
3 **taumeln** – *auf unsicheren Beinen gehen, fast hinfallen*
4 **Der wird schon wieder. (ugs.)** – *Er erholt sich schon wieder.*
5 **ansteckend (Infektionskrankheiten)** – *übertragbar*
6 **sich zum Gehen wenden** – *gehen wollen*
7 **der Nacken** – *hinterer Teil des Halses*

In den Abendnachrichten wurde später berichtet:

„Noch immer sucht die Berliner Polizei nach der vermissten Suzanne K., die zuletzt in der Nacht auf den 25. November in der Nähe ihrer Wohnung gesehen wurde. Da es bisher noch keinerlei Hinweise oder Spuren zu diesem Fall gibt, bittet die Polizei um **jegliche**[1] *Mithilfe. Die Kriminalpolizei* **ließ verlauten**[2], *dass die* **Suche** *nun* **bundesweit ausgedehnt**[3] *wird."*

Naturpark Barnim

Der Barnimer Wald ist ein großer Naturpark in Brandenburg und Berlin. Er ist 748 Quadratkilometer groß und hat viele kleine und große Seen. Mehr als die Hälfte des Parks besteht aus Wald.

In dem Park befindet sich auch die Bunkeranlage „Objekt 17/5001", die Erich Honecker, der langjährige Staats- und Parteichef der Deutschen Demokratischen Republik, zur Zeit des Kalten Krieges in der DDR bauen ließ. Bei den Bauarbeiten, die insgesamt fünf Jahre dauerten (1978-1983), wurden 84.000 Tonnen Beton verwendet. Heute ist der Bunker geschlossen. In Deutschland und Europa gibt es aber noch viele weitere Bunker, die während des Ersten und Zweiten Weltkrieges und zu DDR-Zeiten gebaut wurden und zum Teil noch besichtigt werden können.

1 **jegliche** - *jede auch noch so kleine*
2 **verlauten lassen** - *bekannt geben, sagen, äußern*
3 **die Suche bundesweit ausdehnen** - *in ganz Deutschland suchen*

7. DER AUFTRAGSKILLER

Michail Antonow schaute durch das **Visier**[1] seines **Gewehrs**[2], dessen Ende genau auf ein Fenster im Hotel The Westin Grand Frankfurt zeigte. Er hatte sich auf das Dach des gegenüberliegenden Gebäudes gelegt und wartete. Wie lange er warten musste, hing ganz davon ab, wann C. Lorenzo ans Fenster des Hotelzimmers Nr. 286 treten würde. Warum dieser Mann auf der Auftragsliste stand, wusste Michail nicht. Es interessierte ihn auch nicht. Wichtig war nur, dass er den Auftrag erledigte.

Seine Auftraggeber, so viel wusste er, waren unter anderem bekannte Politiker, reiche Unternehmer, Kriminelle und **korrupte**[3] Polizisten, die ihre Feinde schnell und sauber **aus dem Weg räumen**[4] wollten, – ohne Spuren, ohne irgendeine direkte Verbindung zu ihnen. Das Auftragsgeld wurde entweder auf ein Schweizer Bankkonto überwiesen oder von einem **Mittelsmann**[5] an einen geheimen Ort gebracht.

Michail arbeitete nun schon seit über elf Jahren als Auftragskiller in ganz Europa und bisher war ihm noch niemand **auf die Schliche gekommen**[6]. Alles verlief immer nach Plan. Nach jedem Auftrag **tauchte** er monate- oder sogar jahrelang **ab**[7]. Dann lebte er irgendwo ganz für sich, weit weg von modernen Großstädten, oft ohne Telefon, Internet oder Strom. Letztes Jahr hatte er acht Monate in einem kleinen Dorf in Südamerika verbracht.

1 **das Visier** – *kleines Fenster mit Zielscheibe an Schusswaffen*
2 **das Gewehr** – *lange Schusswaffe*
3 **korrupt** – *käuflich; bereit, für Geld Gesetze zu brechen*
4 **jmdn. aus dem Weg räumen** – *jmdn. töten*
5 **der Mittelsmann** – *jmd., der zwischen Personen vermittelt oder etw. überbringt*
6 **jmdm. auf die Schliche kommen (idiom.)** – *jmdn. entdecken und durchschauen*
7 **abtauchen (sal.)** – *(hier:) sich verstecken*

Trotz des vielen Geldes, das er durch seine Arbeit **angehäuft**[1] hatte, interessierte ihn **Wohlstand**[2] nicht. Sein Ziel war **einzig und allein**[3], seinem Sohn Alexander ein gutes Leben zu ermöglichen. Dazu hatte er ihm ein Bankkonto eröffnet, auf das er jährlich Geld einzahlte. Auch Alexanders Mutter Anna überwies er immer einen großen Betrag. An Alexanders 18. Geburtstag würde dieser den Zugang zu seinem Konto erhalten. So würde er ohne Geldsorgen aufwachsen – ganz anders als er selbst.

Kontakt zu seinem Sohn hatte er nicht. Er wusste noch nicht einmal, ob sich Alexander überhaupt noch an ihn erinnerte. Anna hatte ihn darum gebeten, Alexander ein Foto zeigen zu dürfen, falls er je nach seinem Vater fragen sollte, doch Michail hatte dies immer strikt abgelehnt. Er wollte weder ihn noch Anna in Gefahr bringen. Jede auch noch so kleine Information über ihn oder sein Privatleben würde ihn nur **verwundbar**[4] machen. Er durfte nichts weiter als ein Schatten sein, musste ein Leben ohne eigene Identität führen. Nur so konnte er Anna und Alexander schützen.

Es war ein sehr einsames Leben, das er führte. Mit jedem Jahr, das verging, fiel es ihm schwerer, sich an sein Leben vor den Morden, vor seinem jetzigen Ich zu erinnern.

Irgendwann einmal war auch er ein Kind gewesen, so viel war wohl sicher, – dann ein Jugendlicher, der mit seinem Vater auf die **Jagd**[5] ging. Sein erstes **Reh**[6] schoss er mit zwölf Jahren. Später als junger Mann lernte er dann Anna kennen. Sie war seine erste Liebe. Kurz darauf **erblickte** Alexander **das Licht der Welt**[7]. Er war seine zweite Liebe, seine Familie. Aber das Glück **währte**[8] nicht lange. Das Geld wurde knapp, doch seine Familie musste ernährt werden und ein Dach über dem Kopf haben. Und dann, kurz bevor sie auf der Straße

1 **etw. (Akk.) anhäufen** - *große Mengen von etw. (Dat.) sammeln*
2 **der Wohlstand** - *Leben in materieller Sicherheit*
3 **einzig und allein** - *nur*
4 **verwundbar** - *leicht zu verletzen, angreifbar*
5 **die Jagd** - *Ausflug mit dem Ziel, Tiere zu schießen*
6 **das Reh** - *rotbraunes Tier, das in großen Gruppen im Wald lebt*
7 **das Licht der Welt erblicken (idiom.)** - *geboren werden*
8 **währen** - *dauern, halten*

landeten, nahm er seinen ersten Auftrag an und tötete einen Menschen. Erstaunlicherweise machte es für ihn überhaupt keinen Unterschied, ob er auf einen Menschen oder auf ein Tier schoss. Wenn das Objekt in seinem Visier zu Boden ging, war der Auftrag erledigt und das Überleben seiner Familie damit gesichert. Er fühlte keine **Reue**[1], keine Schuld.

Oft fragte er sich, ob er jemals wieder etwas anderes tun würde als zu töten und **unterzutauchen**[2]. Auszusteigen war schwer. Und wann immer er ins Zweifeln kam, dachte er an Anna und Alexander und wusste, dass es den beiden immer gut gehen würde, solange er lebte und **dieser Arbeit nachging**[3].

Seit über einer Stunde lag Michail nun schon auf dem Dach des Gebäudes und **starrte**[4] durch das Visier seines Gewehrs. Sein jetziger Auftraggeber hatte ihm versichert, dass C. Lorenzo nach einem Meeting um 14:30 Uhr in sein Hotelzimmer zurückkommen würde. Jetzt war es bereits 15:45 Uhr, doch das Hotelzimmer war noch immer leer. Normalerweise gaben die Auftraggeber immer sehr genau an, wann und wo sich ihre Feinde aufhalten würden. Schließlich ging es darum, sie so **effizient**[5] und schnell wie möglich **auszuschalten**[6].

Michail schaute auf seine Uhr. Um 16:30 Uhr würde er seinen Auftrag abbrechen müssen – zum ersten Mal in seinem Leben. Die Gefahr war einfach zu groß, hier oben von jemandem entdeckt zu werden, besonders **am helllichten Tag**[7].

Auch dies war sehr ungewöhnlich. Sonst arbeitete er bei Nacht, doch dieses Mal sollte er seinen Auftrag bei Tag ausführen. Lange hatte er überlegt, ob er deswegen den Auftrag ablehnen sollte. Doch wieder siegte, gegen alle **Vernunft**[8], die Erinnerung

1 **die Reue** – *Gefühl, dass jmdm. etw. leidtut*
2 **untertauchen** – *(hier:) sich verstecken*
3 **einer Arbeit nachgehen** – *mit einer regelmäßigen Arbeit sein Geld verdienen*
4 **starren** – *unbeweglich schauen*
5 **effizient** – *mit wenig Mühe/Aufwand*
6 **jmdn. ausschalten** – *(hier:) jmdn. töten*
7 **am helllichten Tag** – *mitten am Tag*
8 **die Vernunft** – *rationale Überlegungen*

an Alexander und Anna. Vielleicht, so dachte er, hätte er in einigen Jahren genug Geld auf die Seite gelegt, sodass er **sich** mit ihnen zusammen **zur Ruhe setzen**[1] könnte – irgendwo an einem abgelegenen Ort. Nur diese Träume – die sich mehr und mehr in eine **Sehnsucht**[2] verwandelten – ließen ihn durchhalten und weitermachen. Denn er war müde geworden. Er war die Morde, die Einsamkeit und das ewige Versteckspiel leid.

Als er sein Gewehr **auseinanderzunehmen**[3] begann und in einer schwarzen Sporttasche verstaute, war es 16:30 Uhr. Heute würde er seinem Auftraggeber berichten müssen, dass er – nur dieses eine Mal – nicht erfolgreich gewesen war. Und eines war sicher: Geld würde er damit wohl auch nicht kriegen.

Als Michail aufstand und sich mit der schwarzen Sporttasche in der Hand umdrehte, stand plötzlich ein Mann vor ihm. Er war, so wie er selbst, ganz in Schwarz gekleidet und hielt eine Waffe in der Hand, doch noch hing die Waffe locker nach unten. Michail **grinste**[4], als er ihn erblickte. Der Mann schaute ihn **verdutzt**[5] an.

„Was gibt es denn da zu grinsen?"

Michail schüttelte den Kopf. „Nichts. Gar nichts", sagte er.

Der Mann hatte ja recht. Hier gab es nichts zu lachen. Jemand hatte ihn entdeckt. Michail hatte immer gewusst, dass dieser Tag irgendwann kommen würde. Aber jetzt, da es offenbar so weit war, konnte er nicht anders – er musste einfach lachen.

„Du kommst jetzt mit mir. Du wirst erwartet."

Michail überlegte kurz zu fliehen, aber der Mann **versperrte** ihm **den** einzigen **Fluchtweg**[6]: die Treppe. Er fragte sich, ob er den Mann **überwältigen**[7] könnte, doch mit Sicherheit waren

1 **sich zur Ruhe setzen** – *in Rente gehen, aufhören zu arbeiten*
2 **die Sehnsucht** – *großer Wunsch, etw., das einem sehr viel bedeutet, wiederzusehen*
3 **etw. auseinandernehmen** – *etw. in seine Einzelteile zerlegen*
4 **grinsen** – *breit lächeln*
5 **verdutzt** – *erstaunt, überrascht*
6 **den Fluchtweg versperren** – *sich so hinstellen, dass man nicht mehr vorbeikommt, um zu flüchten*
7 **jmdn. überwältigen** – **jmdn. in einem Kampf/***mit Gewalt auf den Boden drücken*

noch weitere Männer in der Nähe. Es gab also keinen Ausweg.

„Die Tasche kannst du hier lassen", fügte der Mann hinzu. „Die wirst du nicht brauchen."

Michail ließ die Sporttasche fallen und ging zu dem Mann, der nun seine Waffe hob und **auf** ihn **richtete**[1].

Statt den Fahrstuhl zu benutzen, gingen die beiden die Treppen hinunter. Die Waffe hielt der Unbekannte die ganze Zeit auf Michails **Nacken**[2] gerichtet.

Als sie unten ankamen, stand ein schwarzes Auto mit **getönten Scheiben**[3] vor dem Gebäude. Der Mann hinter Michail befahl ihm, hinten einzusteigen.

Vorne auf dem **Beifahrersitz**[4] saß ein weiterer bewaffneter Mann, der eine Zigarette rauchte.

Nachdem sie losgefahren waren, schaltete der Fahrer das Radio an. Ein russischer Sender spielte Lieder, die der Fahrer offenbar alle kannte. Jedenfalls **summte**[5] er immer **mit**. Michail schaute die ganze Zeit konzentriert aus dem Fenster, doch er kannte sich in Frankfurt nicht gut aus und wusste daher nicht, wohin er gefahren wurde. Immer wieder schaute er auf die Radio-Uhr, damit er ungefähr abschätzen konnte, wie weit sie sich vom Stadtzentrum entfernten. Nach etwa einer halben Stunde und einige Lieder später hielt der Wagen plötzlich an. Zuerst stiegen der Fahrer und der Beifahrer aus. „Da wären wir. Aussteigen!", befahl der Mann neben ihm mit erhobener Waffe.

Sie befanden sich in einem verlassenen Industriegebiet. Das große Gebäude vor ihnen war **heruntergekommen**[6]. Es fehlten Fenster, Türen und ein Teil des Daches.

Die Männer gingen ins Gebäude hinein. Erst war es völlig dunkel, doch je weiter sie hineingingen, desto heller wurde es.

1 **etw. (Akk.) auf jmdn. richten** – *mit etw. (Dat.) auf jmdn. zeigen*
2 **der Nacken** – *hinterer Teil des Halses*
3 **getönte Scheiben** – *dunkle Scheiben*
4 **der Beifahrersitz** – *Sitz neben dem Fahrersitz*
5 **(mit)summen** – *mit geschlossenen Lippen eine Melodie erzeugen (, die man gerade hört)*
6 **heruntergekommen** – *alt und kaputt*

In der Mitte des leeren Gebäudes saß ein Mann auf einem **Klappstuhl**[1] und tippte etwas in sein Handy. Neben ihm stand eine Öllampe auf dem Boden. Im Unterschied zu seinen **Handlangern**[2] trug er einen weißen Hut und einen hellen Anzug. Er hob stumm einen Zeigefinger, als die Männer nähertraten. Sofort blieben alle drei stehen.

„Halt", **knurrte**[3] er, doch Michail war sowieso keinen Schritt weitergegangen. Er war ganz damit beschäftigt, den Mann in Weiß eingehend zu **mustern**[4].

„Kennen wir uns?", fragte Michail in die Stille hinein, denn der Mann kam ihm irgendwie bekannt vor.

Augenblicklich trat ihm einer der Männer von hinten gegen die Knie, so dass Michail zu Boden fiel.

„**Halt die Klappe**[5] – *er* stellt hier die Fragen, nicht *du*!"

Der Mann in Weiß stand auf, stellte sich vor Michail und **sah** ihn **scharf an**[6]. „*Du* bist also der **Störenfried**[7]."

Michail stand auf und schaute dem Mann ins Gesicht. „**Mit wem habe ich das Vergnügen**[8]?"

Einer der Männer wollte Michail schon wieder treten, doch der Mann in Weiß hob **beschwichtigend**[9] die Hände.

„Mein Name ist Sergej Iwanow. Und ich glaube, Sie hatten vor, meinen Buchhalter zu töten."

Michail schüttelte den Kopf. „Hören Sie. Ich bekomme einen Auftrag, den erfülle ich und dann kassiere ich mein Geld, das war's. Wer zu wem gehört, interessiert mich nicht."

„Also wurden Sie **angeheuert**[10]."

„Ich wurde kontaktiert. Nur wenige wissen, wie sie mich erreichen. Die, die es tun, haben normalerweise einen genauen

1 **der Klappstuhl** – *Stuhl, den man ganz klein zusammenlegen kann*
2 **der Handlanger** – *jmd., der bei der Ausführung krimineller Taten hilft*
3 **knurren** – *(hier:) unfreundlich sagen*
4 **jmdn. mustern** – *jmdn. genau ansehen*
5 **Halt die Klappe! (ugs., sal.)** – *Halt den Mund! Sei still!*
6 **jmdn. scharf ansehen** – *jmdn. streng anschauen*
7 **der Störenfried** – *jmd., der den gewohnten ruhigen Ablauf stört*
8 **Mit wem habe ich das Vergnügen?** – *Wie heißen Sie, Wer sind Sie?*
9 **beschwichtigend** – *beruhigend*
10 **jmdn. anheuern** – *jmdn. für eine Arbeit anwerben*

Plan, den ich nur noch ausführen muss. Nur heute läuft offenbar nichts nach Plan."

„Da könnten Sie recht haben. Kommen Sie!" Iwanow half Michail auf die Beine und führte ihn zu seinem Stuhl.

„Setzen Sie sich." Michail tat, wie ihm befohlen wurde.

„Das ist doch viel besser. Wir wollen uns doch wie **zivilisierte**[1] Menschen unterhalten Möchten Sie etwas trinken?"

Michail **verneinte**[2].

„Haben Sie Hunger? Ich meine, Sie haben ja fast den ganzen Nachmittag auf dem Dach gelegen!" Iwanow lachte.

„Haben Sie mich etwa **überwacht**[3]?", fragte Michail.

„Sagen wir, ich habe da so meine Beziehungen. Und so habe ich – nun – einen kleinen Tipp bekommen, dass **es** jemand **auf** meinen Buchhalter **abgesehen hat**[4]. Sie wissen nicht zufällig, wer dahinter steckt?"

Michail rieb sich den Kopf. „Wissen Sie, ich mache diese Arbeit schon eine ganze Weile. Und bei jedem neuen Auftrag denke ich: ‚Wann ist es endlich soweit? Wann kommt jemand und findet mich, bevor ich den **Abzug**[5] drücke.' Ich hatte immer geglaubt, dass es die **Bullen**[6] wären. Sie sind aber kein Bulle. Daher rede ich ganz offen und ehrlich mit Ihnen. Ich kenne meinen Auftraggeber nicht. Ich kenne sie nie. Ich bekomme einen Anruf von irgendeinem Unbekannten. Dieser sagt mir nur, wo und wann ich **zur Stelle sein**[7] soll, und natürlich auch, wer das Ziel ist. In diesem Fall ist es ein gewisser C. Lorenzo. Dass er Buchhalter ist, wusste ich nicht. Ich wusste nur, dass er im Hotelzimmer 286 wohnt und dass er nach 14.00 Uhr kommen sollte. Das war's."

Iwanow hatte Michail geduldig zugehört. Als dieser zu Ende gesprochen hatte, holte er eine Zigarettenschachtel heraus und

1 **zivilisiert** – *höflich, kultiviert*
2 **verneinen** – *‚nein' sagen, ablehnen*
3 **jmdn. überwachen** – *jmdn. genau verfolgen oder beobachten*
4 **es auf jmdn. abgesehen haben** – *jmdn. angreifen, verletzen oder bestrafen wollen*
5 **der Abzug** – *kleiner Hebel an Waffen zum Auslösen eines Schusses*
6 **der Bulle (ugs., sal.)** – *Polizist*
7 **zur Stelle sein** – *da sein, bereit sein*

bot Michail eine Zigarette an, doch der lehnte ab. So **zündete** sich nur Iwanow eine Zigarette **an**[1].

„Sie kennen sein Gesicht?"

„Lorenzos? Ja. Sonst weiß ich ja nicht, wer das Ziel ist."

„Das Ziel. Das Ziel. Sie nennen ihn nicht das Opfer. Warum?"

„Ich weiß nicht, was Sie meinen", antworte Michail **gelassen**[2]. Doch innerlich raste sein Puls. ‚Ruhig, ganz ruhig', dachte er. Männer wie Iwanow waren gefährlich, doch sobald sie merkten, dass jemand auch nur ein kleines bisschen Angst hatte, wurden sie **unberechenbar**[3].

„Na, Sie tun so, als ob Lorenzo und all die anderen nichts weiter als eine Zielscheibe wären, leblose Dinge eben, keine Menschen aus Fleisch und Blut."

„Spielt es denn eine Rolle, wie ich etwas nenne?"

Iwanow lachte und klopfte Michail auf die Schulter. „Nein, natürlich nicht. Sie nennen die Dinge so, wie Sie sie nennen möchten. Das **steht** Ihnen **frei**[4]. Aber wundern darf ich mich doch wohl. Wie nennen Sie denn Ihre Frau? Schatzi? Oder doch nur Ding? Sie haben doch sicher einen etwas netteren Namen für sie."

Michail wusste nicht, ob Iwanow **bluffte**[5].

„Wenn ich eine Frau hätte, **wäre** sie schon längst **über alle Berge**[6]. Bei so einem Beruf wie meinem hält es keine lange aus, glauben Sie mir."

Iwanow stellte sich hinter Michail und legte ihm die Hände auf die Schultern. „Das überrascht mich. Ich dachte, Sie hätten eine Frau. Vielleicht sogar ein Kind."

Michail versuchte, ruhig weiterzuatmen, doch sein Herz klopfte ihm immer noch bis zum Hals.

1 **etw. (Akk.) anzünden** – *ein brennendes Streichholz oder Feuerzeug an etw. (Akk.) halten, damit es brennt*
2 **gelassen** – *ruhig, cool*
3 **unberechenbar** – *schwer einzuschätzen, schwer vorherzusehen*
4 **etw. steht jmdm. frei** – *jmd. kann sich frei für oder gegen etw. (Akk.) entscheiden*
5 **bluffen** – *so tun, als ob man etw. weiß oder kann*
6 **über alle Berge sein (ugs., idiom.)** – *weit weg sein, geflohen sein*

„Sie sind ja nervös, wütend, besorgt, haben Angst. Wovor denn?", fragte Iwanow ruhig. „Haben Sie Angst, dass ich herausfinde, wo Ihre Frau und Ihr Kind sind? Vielleicht haben Sie Angst, dass ich versuchen könnte, sie **ausfindig zu machen**[1], zu **entführen**[2] und nach Deutschland zu bringen? Oder haben Sie etwa Angst davor, dass ich sie in einem **stillgelegten**[3] Gebäude festhalte und nur darauf warte, dass Sie ein falsches Wort sagen oder mich anlügen, damit ich die beiden vor Ihren Augen erschieße?"

Michail **stockte der Atem**[4]. Noch nie hatte er eine solche **Bedrohung**[5] und Angst gespürt wie in diesem Moment. Er wusste, dass es ernst war.

„Ich schwöre Ihnen, ich habe Ihnen alles gesagt, was ich weiß. Was wollen Sie jetzt noch von mir?"

„Was ich will? Von Ihnen? Nichts. Sie sind mir vollkommen **gleichgültig**[6]. Doch Sie müssen wissen, in dieser Welt gibt es Dinge – wirklich schreckliche Dinge. Dinge, die Sie sich in Ihren schlimmsten **Albträumen**[7] nicht vorstellen können. Diese Dinge habe ich gesehen und getan. Ich möchte, dass Sie heute mit dem Gefühl hier rausgehen, etwas gelernt zu haben."

Iwanow **beugte sich** zu Michail **hinunter**[8], sein Mund war jetzt ganz dicht an seinem Ohr.

„Hinter diesen Zielen, wie Sie sie nennen, stecken immer Menschen. Menschen mit Macht, Menschen mit Einfluss, die diese schrecklichen Dinge gesehen und getan haben und keine Probleme damit haben, sie zu wiederholen. Und wenn Sie das nächste Mal einen Auftrag annehmen – wenn Sie überhaupt jemals wieder einen Auftrag annehmen sollten –, dann denken Sie daran: hinter Ihrem nächsten Ziel könnte *ich* auf Sie warten.

1 **jmdn. ausfindig machen** – *jmdn. mit einiger Mühe finden*
2 **jmdn. entführen** – *eine fremde Person mitnehmen, obwohl diese das nicht will; kriminelle Handlung*
3 **stillgelegt** – *nicht in Betrieb*
4 **jmdm. stockt der Atem** – *jmd. bekommt vor Schreck kurz keine Luft*
5 **die Bedrohung** – *Gefahr*
6 **gleichgültig** – *egal, unwichtig*
7 **der Albtraum** – *schrecklicher Traum*
8 **sich hinunterbeugen** – *seinen Oberkörper nach unten biegen*

Es reicht ein Fehler – ein einziger Schuss, und nichts ist mehr so, wie es einmal war. Haben Sie verstanden?"

Michail nickte, der Schweiß **rann**[1] ihm das Gesicht hinunter.

Iwanow **richtete sich** wieder **auf**[2] und klopfte Michail auf die Schulter. „Gut! Dann sind wir hier ja fertig."

„Sagen Sie mir jetzt, wo sie sind!", sagte Michail mit zitternder Stimme.

„Wen meinen Sie?", fragte Iwanow ruhig.

„Sie wissen genau, wen ich meine! Meine Frau und mein Kind!"

Iwanow hob langsam eine **Augenbraue**[3]. „Ich dachte, Sie hätten keine Frau. Das sagten Sie doch, oder?" Iwanow schaute zu seinen Handlangern. Diese nickten zustimmend.

„Sie haben mich doch nicht etwa angelogen?"

Michails Knie zitterten, als er langsam aufstand. „Bitte. Ich tue alles, was Sie wollen – aber lassen Sie meine Familie gehen!"

Iwanow lächelte. „Sie dachten, ich hätte mir die Mühe gemacht? Wegen eines **lächerlichen**[4] Buchhalters? Nein. Sehen Sie, ich möchte, dass Sie für mich arbeiten. Darum habe ich Sie hierher gebracht. Innerhalb der nächsten Tage, erhalten Sie weitere **Anweisungen**[5]."

Michail nickte. Er hatte sowieso keine andere Wahl. Ohne ein weiteres Wort verließen Iwanow und seine Männer das Gebäude.

Unfähig **einen klaren Gedanken zu fassen**[6], blieb Michail noch eine Weile sitzen. Iwanow hatte nur geblufft. Anna und Alexander ging es gut, sie waren in Sicherheit. Erleichtert **atmete** er **auf**[7]. Michail wusste, dass nun der Moment gekommen war, sein bisheriges Leben hinter sich zu lassen und neu zu beginnen. Er müsste nur vorher noch diesen einen letzten Auftrag von Iwanow erledigen. Dann würde er mit Anna und Alexander an einen anderen Ort ziehen, nur sie drei. Endlich.

1 **rinnen** - *langsam fließen*
2 **sich aufrichten** - *sich gerade hinsetzen oder hinstellen*
3 **die Augenbraue** - *Haare über den Augen*
4 **lächerlich** - *unwichtig*
5 **die Anweisung** - *Befehl, Auftrag*
6 **einen klaren Gedanken fassen (idiom.)** - *vernünftig nachdenken, einen klaren Plan machen*
7 **aufatmen** - *(erleichtert) Luft ausstoßen*

Die Frankfurter Skyline

Die Frankfurter Skyline ist das Wahrzeichen Frankfurts. Mit 30 Hochhäusern, die alle über 100 Meter hoch sind, ist Frankfurt die einzige Stadt in Deutschland, die eine Hochhaus-Skyline hat. Viele der Hochhäuser entstanden bereits wenige Jahre nach dem 2. Weltkrieg.

Ende der 1970er Jahre wurden das Plaza-Hotel und das berühmte Dresdner-Bank-Hochhaus gebaut. Sie waren die ersten Wolkenkratzer, die eine Höhe von über 150 Meter erreichten.

Mittlerweile ist der Europaturm in Frankfurt mit 337,5 Metern das höchste Gebäude in Frankfurt und das zweithöchste freistehende Bauwerk Deutschlands, nach dem Fersehturm in Berlin (368 Meter). Der Commerzbank-Tower ist momentan das zweithöchste Gebäude Frankfurts (259 Meter) und der Messeturm das dritthöchste (256,5 Meter). Insgesamt befinden sich die neun höchsten Gebäude Deutschlands in Frankfurt.

8. DER ANDERE MANN

Gedankenversunken[1] saß Tom im Café und rührte in seinem Kaffee. Vor wenigen Minuten hatte ihm seine beste Freundin Bettina erzählt, dass sie seinen Partner Laurenz mit einem anderen Mann in einem Restaurant gesehen hatte. Sie sagte, die beiden hätten eine Flasche Wein getrunken, gelacht, sich unterhalten und sehr verliebt ausgesehen.

Tom hatte **sich nichts anmerken lassen**[2], sondern ganz ruhig geantwortet: „Jaja, ich weiß, das ist sein Kollege Jonas."

Und Bettina hatte ihm geglaubt, denn Tom konnte gut lügen.

Doch nach diesen Neuigkeiten **hörte** Tom Bettina nur noch **mit halbem Ohr zu**[3]. Immer wieder wanderten seine Gedanken zu Laurenz und diesem anderen Mann. Er stellte sich vor, wie die beiden zusammensaßen, Wein tranken, lachten und verliebte Blicke austauschten.

‚Wie kann er mir nur so etwas **antun**[4]?', dachte Tom immer und immer wieder. ‚Nach all den Jahren!'

Nie hätte er vermutet, dass Laurenz ihre Beziehung **aufs Spiel setzen**[5] würde. Schließlich war es sonst immer Tom, der **herumnörgelte**[6] oder **etwas an der Beziehung auszusetzen hatte**[7]. Auch seine Eifersucht hatte Laurenz schon oft an **den Rand der Verzweiflung gebracht**[8].

1 **gedankenversunken** – *sehr nachdenklich*
2 **sich (Dat.) nichts anmerken lassen** – *seine Gefühle und Gedanken nicht zeigen*
3 **jmdm. mit halbem Ohr zuhören (idiom.)** – *jmdm. nicht richtig zuhören*
4 **jmdm. etw. (Akk.) antun** – *jmdn. (seelisch) verletzen*
5 **etw. (Akk.) aufs Spiel setzen (idiom.)** – *etw. (Akk.) riskieren*
6 **herumnörgeln** – *meckern, schimpfen*
7 **etwas an etw. (Dat.) auszusetzen haben (idiom.)** – *Gründe finden, etw. (Akk.) zu kritisieren*
8 **jmdn. an den Rand der Verzweiflung bringen (idiom.)** – *jmdn. extrem nerven, jmdn. wahnsinnig machen*

Vielleicht hatte er deswegen eine **Affäre**[1] begonnen? Vielleicht war er es leid, ihm immer wieder seine Liebe zu versichern? Aber dennoch war und blieb es für Tom ein Rätsel. Sie waren doch ein tolles Paar, auch wenn sie sich hin und wieder stritten.

Jedes Jahr verreisten sie für zwei Wochen in den Süden, sie liebten Wochenendspaziergänge im Englischen Garten, schauten gerne alte Schwarz-Weiß-Filme und sie sparten für ein gemeinsames **Eigenheim**[2]. Sie waren doch glücklich miteinander und wollten 2018 nun auch endlich heiraten.

Und jetzt das! Durch diese kurze Bemerkung von Bettina hatte sich auf einmal alles geändert. Nichts schien mehr so wie vorher zu sein.

Als er nach dem Treffen in sein Auto stieg, überlegte er sich ganz genau, was er nun als Nächstes tun würde. Am besten war es wohl, Laurenz noch am gleichen Abend **zur Rede zu stellen**[3], dann zu packen und für ein paar Tage in ein Hotel zu ziehen. Oder vielleicht doch nicht? Schließlich hatte er ja gar nichts falsch gemacht. Also sollte Laurenz gehen. Jawohl, er würde ihn **rausschmeißen**[4]!

Aber wenn er es sich recht überlegte, war selbst das noch nicht genug. Laurenz hatte ihn verletzt. Deswegen war es nur gerecht, wenn er jetzt genauso leiden würde wie er, Tom. Er sollte **sich quälen**[5] und ihn **anflehen**[6], ihm zu verzeihen und bei ihm bleiben zu dürfen.

Eine **düstere**[7] Stimmung legte sich über Tom, als er sich durch den dichten Berufsverkehr nach Hause kämpfte. Meter für Meter schoben sich die Autos durch die Stadt. Wieder dachte er über Laurenz und diesen Mann nach – wie sie sich amüsierten und sich immer näher und näher kamen.

1 **die Affäre** – *(hier:) sexuelle Beziehung*
2 **das Eigenheim** – *Wohnhaus, das dem Bewohner selbst gehört*
3 **jmdn. zur Rede stellen** – *jmdn. anklagen und Erklärungen erwarten*
4 **jmdn. rausschmeißen (ugs.)** – *jmdn. dazu bringen, dass er das Haus/ die Wohnung verlässt*
5 **sich. quälen** – *leiden*
6 **jmdn. anflehen** – *jmdn. sehr bitten*
7 **düster** – *sehr dunkel, schwarz,(hier:) pessimistisch, hoffnungslos*

Je mehr Tom darüber nachdachte, desto trauriger und wütender wurde er. Schließlich hielt er es nicht mehr aus. Er **brüllte los**[1] und **schlug** mit beiden Fäusten **auf** das Lenkrad **ein**[2].

Als Tom schließlich vor seiner und Laurenz' Wohnung ankam, blieb er noch einen Moment im Auto sitzen.

‚Beruhige dich. Du musst **einen klaren Kopf behalten**[3]', sagte er sich schließlich, atmete mehrmals tief ein und aus und stieg dann endlich aus.

Als Laurenz später am Abend von der Arbeit nach Hause kam, stand Tom in der Küche und schnitt Zwiebeln.

Wie jeden Abend kaum Laurenz sofort in die Küche und gab ihm einen Kuss auf die Stirn. „Hallo Schatz. Na, wie war dein Tag?", fragte er **unbekümmert**[4].

Tom sagte nichts. Laurenz schien das gar nicht zu stören, er fragte sorglos weiter: „Was gibt es denn heute Leckeres zu essen?"

Toms innere Stimme **drängte**[5] die ganze Zeit: „Na los! Mach schon! Sag es ihm endlich! Schrei ihn an, tu etwas!"

Doch stattdessen schnitt er weiter seine Zwiebeln und erwiderte nur knapp: „Siehst du dann, bin gleich fertig."

„Hm, prima", sagte Laurenz **abwesend**[6]. „Ich muss noch kurz telefonieren – ist was Berufliches. Bin gleich wieder da."

Tom hörte auf, Zwiebeln zu schneiden. **Regungslos**[7] stand er da und sah zu, wie Laurenz die Küche verließ. Als er endlich die letzte Zwiebel schneiden wollte, bemerkte er, dass er sich in den Finger geschnitten hatte. Blut trat aus der Schnittwunde und tropfte auf das Messer und das **Schneidebrett**[8] mit den

1 **losbrüllen** – *plötzlich laut schreien*
2 **auf etw. (Akk.) einschlagen** – *immer wieder und mit Kraft gegen etw. (Akk.) schlagen*
3 **einen klaren Kopf behalten (idiom.)** – *vernünftig nachdenken und handeln*
4 **unbekümmert** – *ohne sich Sorgen zu machen, sorglos*
5 **drängen** – *fordern, verlangen*
6 **abwesend** – *unaufmerksam, gedankenlos*
7 **regungslos** – *ohne sich zu bewegen oder auch nur das kleinste Gefühl zu zeigen*
8 **das Schneidebrett** – *Brett aus Holz oder Plastik, auf dem man Lebensmittel schneidet*

Zwiebeln. Eine Weile schaute er auf seine Wunde, dann warf er die Zwiebeln in den Müll, wusch sich das Blut ab und klebte ein Pflaster auf den Finger.

Eine halbe Stunde später kam Laurenz wieder aus seinem Arbeitszimmer. Tom hatte kurz zuvor an seiner Tür **gelauscht**[1]. Er war sich ganz sicher, dass Laurenz *nicht* mit einem Arbeitskollegen gesprochen hatte, sondern mit jemand anderem. Er hatte zwar nicht jedes Wort verstanden, doch Laurenz hatte zweimal laut gelacht. Überhaupt wirkte er so ganz anders als sonst – unbekümmert, frei. Bestimmt unterhielt er sich gerade mit ihm – seinem **Geliebten**[2].

Als Laurenz aus seinem Arbeitszimmer trat, saß Tom am Esszimmertisch und **zupfte an** seinem Pflaster **herum**[3].

„Was ist denn mit dem Essen?“, wunderte sich Laurenz.

Erschöpft[4] schaute Tom zu ihm hoch. Am liebsten hätte er ihm ins Gesicht gespuckt, ihn angeschrien und beschimpft, doch wieder tat er nichts **dergleichen**[5].

„Das Essen ist nichts geworden. Es ist verbrannt“, log er.

„Ach, das ist ja schade. Sollen wir uns dann was bestellen?“, fragte Laurenz **arglos**[6].

Noch immer hatte er nicht bemerkt, dass hier etwas nicht stimmte. Offenbar konnte Tom seine wahren Gefühle ziemlich gut **verbergen**[7].

„Wie wäre es mit Pizza? Oder möchtest du lieber indisches Essen?“

„Entscheide du. Ich habe Kopfschmerzen, ich muss mich einen Moment hinlegen“, sagte Tom müde.

1 **lauschen** – *aufmerksam oder heimlich zuhören*
2 **der Geliebte/die Geliebte** – *Person, mit der jmd. neben seiner Partnerschaft eine Liebesbeziehung hat*
3 **an etw. (Dat.) herumzupfen** – *kurz und vorsichtig an etw. (Dat.) ziehen*
4 **erschöpft** – *kraftlos, sehr müde*
5 **dergleichen** – *in der (angegebenen) Art*
6 **arglos** – *sorglos, ohne etwas Böses zu vermuten*
7 **etw. (Akk.) verbergen** – *etw. (Akk.) verstecken*

Er wollte so schnell wie möglich ins Schlafzimmer gehen, doch Laurenz hielt ihn **sanft**[1] fest. „Was ist denn mit dir? Du verhältst dich irgendwie merkwürdig."

„Das sind nur die Kopfschmerzen, nichts weiter", log Tom erneut und lächelte schwach.

Laurenz küsste ihn daraufhin liebevoll. „Ich hoffe, dir geht es gleich wieder besser. Ich ruf' dich, sobald das Essen da ist."

Tom nickte stumm. Dabei hatte er gar keinen Appetit, er wollte Laurenz am liebsten nur noch **aus dem Weg gehen**[2]. Diese ganze Situation war einfach zu kompliziert.

Als er auf seiner Seite des Bettes lag und zur Zimmerdecke schaute, überlegte er, ob er jemals in der Lage wäre, Laurenz zu verlassen.

Mittlerweile hatte **sich** sein Zorn zwar **gelegt**[3], doch an dessen Stelle trat nun tiefe Enttäuschung und Trauer. Er musste Laurenz endlich zur Rede stellen, doch er wusste nicht, wie.

Plötzlich hörte Tom von unten ein Lachen und mit einem Mal war der Zorn wieder da. Er spürte, wie sein Puls **raste**[4], während er leise in Richtung Treppe ging.

„Nein, ich habe dir doch gesagt, dass er niemals **dahinterkommen**[5] wird. Ich kenne ihn doch. Er hat nicht die geringste Ahnung", **tuschelte**[6] Laurenz.

Tom **wurde schwindelig**[7], er musste sich an der Wand festhalten.

‚Nicht schon wieder. Jetzt telefoniert er schon wieder mit ihm', dachte er wütend.

Langsam ging er die Treppe runter und auf Laurenz zu, der mit dem Telefon in der Hand am Wohnzimmerfenster

1 **sanft** – *lieb, freundlich, nett*
2 **jmdm. aus dem Weg gehen** – *jmdm. nicht begegnen wollen*
3 **sich legen (starke Gefühle)** – *vorbeigehen*
4 **rasen** – *sehr schnell gehen*
5 **dahinterkommen (ugs., bei Geheimnissen)** – *eine Sache herausfinden/ verstehen*
6 **tuscheln** – *leise sagen, flüstern*
7 **jmdm. wird schwindelig** – *jmd. hat das Gefühl, dass sich alles um ihn herum dreht*

stand und hinausschaute. Als er merkte, dass Tom ins Zimmer gekommen war, legte er schnell auf.

„Tom! Ich dachte, du wolltest dich hinlegen?", fragte er **verlegen**[1].

Irgendwie machte Laurenz den Eindruck, als hätte man ihn **auf frischer Tat ertappt**[2].

„Was hast du dir nur dabei gedacht?", fragte Tom ernst.

„Was meinst du? Ich weiß gar nicht, wovon du sprichst", antwortete Laurenz. Er war nervös, das war offensichtlich.

Tom traten Tränen in die Augen. Er hatte alle Mühe, seine Gefühle **im Zaum zu halten**[3].

„Du warst schon immer ein schlechter Lügner...", sagte er leise.

Laurenz machte einige Schritte auf ihn zu.

„Ich weiß echt nicht, wovon du sprichst", meinte er.

„Wer war das eben am Telefon?", fragte Tom **barsch**[4].

„Niemand", war die einfache Antwort.

„Niemand?!", schrie Tom plötzlich **ungehalten**[5]. „Für wie dumm hältst du mich eigentlich?"

„Ich habe keine Ahnung, wovon du redest."

„Wer ist *ER*?", **platzte es aus** Tom **heraus**[6].

„Wen meinst du denn? Ich habe gerade mit einem Kollegen telefoniert", erklärte Laurenz ruhig.

„Ja, klar. Das glaubst du doch wohl selbst nicht!", sagte Tom und ging **drohend**[7] auf Laurenz zu.

„Tom, bitte. Reg dich nicht auf. Es ist nicht so, wie du denkst."

Laurenz wollte noch etwas sagen, doch Tom stand jetzt dicht vor ihm und schlug ihn plötzlich mitten ins Gesicht. Laurenz

1 **verlegen** – *unsicher*
2 **jmdn. auf frischer Tat ertappen (idiom.)** – *mit eigenen Augen sehen, wie jmd. etw. Verbotenes tut*
3 **etw. (Akk.) im Zaum halten** – *etw. (Akk.) kontrollieren*
4 **barsch** – *unfreundlich, sehr direkt*
5 **ungehalten** – *sehr wütend, ohne Kontrolle über seinen Zorn*
6 **etw. platzt aus jmdm. heraus** – *jmd. sagt etw. (Akk.) plötzlich und ohne Einleitung*
7 **drohend** – *aggressiv*

taumelte einige Schritte **zurück**[1], starrte seinen Freund an und hielt sich die Wange. Aus seinem Mund trat Blut.

„Das wollte ich nicht!" **japste**[2] Tom.

Noch nie in seinem ganzen Leben hatte er Laurenz oder irgendjemand anderen geschlagen.

Er wollte auf seinen Freund zugehen, doch der schaute ihn mit großen Augen an und wich vor ihm zurück.

„Was soll das? **Fass** mich nicht **an**[3]!", **flüsterte**[4] Laurenz.

Er war ganz blass um die Nase geworden. Nur aus seinem Mund tropfte immer noch Blut.

„Was das soll?", brüllte Tom. „Ich habe ja wohl allen Grund, sauer zu sein!"

„Allen Grund? Grund, mich zu schlagen?", fragte Laurenz **fassungslos**[5].

„Du hast mich belogen und betrogen!", schrie Tom.

„Ich habe *WAS*? Was erzählst du denn da? Seit Monaten plane ich eine Geburtstagsüberraschung für dich und du sagst, ich hätte dich betrogen?", schrie Laurenz nun seinerseits.

„Geburtstagsüberraschung, klar. Und dieser Typ im Restaurant? Wer war das?"

„Welcher Typ im Restaurant?", fragte Laurenz und ging in die Küche.

Tom folgte ihm und sah zu, wie Laurenz ein Küchentuch nahm, es unter das fließende Wasser hielt und dann an seinen Mund drückte. Sofort wurde das Küchentuch rot vom Blut.

„**Das geschieht dir ganz recht**[6]!", sagte Tom böse.

Laurenz drehte sich zu ihm um. „**Hau** bloß **ab**[7]! Ich will dich nicht mehr sehen!"

1 **zurücktaumeln -** *auf unsicheren Beinen nach hinten gehen*
2 **japsen -** *atemlos sagen*
3 **jmdn. anfassen -** *jmdn. mit den Händen berühren*
4 **flüstern -** *leise sprechen*
5 **fassungslos -** *sehr entsetzt über das, was passiert ist*
6 **Das geschieht dir (ganz) recht! (ugs.) -** *Das ist nur die gerechte Strafe für dein Verhalten!*
7 **abhauen (ugs., sal.) -** *verschwinden, weggehen*

„Das hättest du wohl gern. Ich gehe nirgendwohin, dass das schon mal klar ist!", erwiderte Tom.

Wortlos wollte Laurenz an ihm vorbeigehen, doch Tom hielt ihn am Arm fest. Irgendwie war das ganze Gespräch anders verlaufen, als er gedacht hatte.

Als Laurenz sich losriss und weiter in Richtung Treppe ging, konnte **sich** Tom nicht mehr länger **beherrschen**[1]. Blind vor Wut **rang** er Laurenz **zu Boden**[2].

„Ich hasse dich!", schrie Tom. „Wie konntest du mir das nur antun?"

Laurenz **wehrte sich**[3], so gut er konnte, doch Tom war stärker. Er packte zu und drückte ihm den Hals mit beiden Händen zu. In seinen Augen lag so etwas wie Wahnsinn.

„Hör auf, Tom! Bitte! Ich kriege keine Luft", **röchelte**[4] Laurenz. Mit aller Macht versuchte er, sich aus Toms Griff zu befreien. Doch mit jeder Sekunde wurden seine Kräfte schwächer.

Ein letztes Mal flüsterte er noch „Ich – krieg – keine – Luft! Bit-te!" Dann **wurde** er **ohnmächtig**[5].

In seinem **Rausch**[6] drückte Tom weiter zu. Erst viele Augenblicke später nahm er die Hände von Laurenz und atmete tief durch. Plötzlich wurde ihm bewusst, was er gerade getan hatte, und er begann, **hemmungslos**[7] zu weinen.

„Nein, nein, nein", flüsterte er und schüttelte Laurenz vorsichtig. „Wach auf! Bitte! Es tut mir so leid! Bitte, wach auf!"

Schnell suchte er nach Laurenz' Puls. Als er ihn endlich – wenn auch nur schwach – spürte, nahm er sein Handy und wählte mit zitternden Händen die 112.

1 **sich beherrschen** – *seine Gefühle und Handlungen kontrollieren*
2 **jmdn. zu Boden ringen** – *so mit jmdm. kämpfen, dass er nachher am Boden liegt*
3 **sich wehren** – *kämpfen, wenn man angegriffen wird*
4 **röcheln** – *(hier:) mühsam sprechen, weil man keine Luft mehr bekommt*
5 **ohnmächtig werden** – *das Bewusstsein verlieren*
6 **der Rausch** – *Zustand, in dem man keine Kontrolle mehr über sich hat*
7 **hemmungslos** – *ungebremst, ohne Zurückhaltung*

Im selben Moment klingelte es. Tom **fuhr zusammen**[1] und schaute zur Tür. Hatten die Nachbarn die beiden streiten gehört und die Polizei gerufen? Jetzt meldete sich eine Stimme am anderen Ende der Telefonleitung, doch Tom legte auf.

Mit **wackeligen**[2] Knien stand er auf, ging zur Tür und schaute durch den **Türspion**[3]. Vor der Tür stand ein Essenslieferant, eine Papiertüte in der Hand.

„Hallo? Ist jemand zu Hause? Hier ist Ihre Bestellung!"

Tom atmete tief durch, strich sich die Haare nach hinten und öffnete die Tür nur ein kleines Stück, damit der Lieferant bloß nicht hineinsehen konnte.

Glücklicherweise fragte der Lieferant nicht lange, sondern reichte ihm die Bestellung und die Rechnung durch den schmalen **Spalt**[4].

„W-was macht das?", **stotterte**[5] Tom.

Jetzt erst schaute der Lieferant ihn an und **stutzte**[6]. „Sie bluten ja."

„W-was?", fragte Tom **entgeistert**[7].

„Na, sie bluten", wiederholte der Mann und zeigte auf Toms blutenden Finger. Während des Kampfes musste sich wohl das Pflaster gelöst haben.

„Ich – ich habe mich geschnitten", erklärte Tom schnell und lächelte nervös. Dann hatte er **sich** schon wieder halbwegs **gefasst**[8]. „Was macht das?" fragte er noch einmal.

„Nichts. Sie haben doch schon elektronisch bezahlt."

Der Lieferant hatte sich gerade umgedreht, als Laurenz sich mit schwacher Stimme aus dem Flur meldete.

Heiser[9] rief er: „Hilfe! Bitte, helfen Sie mir!"

1 **zusammenfahren** - *sich stark erschrecken*
2 **wackelig** - *unsicher, zitternd*
3 **der Türspion** - *kleines Loch in der Tür, durch das man sehen kann, wer davor steht*
4 **der Spalt** - *kleine Lücke, Ritze*
5 **stottern** - *mit vielen Pausen sprechen und dabei einzelne Laute wiederholen*
6 **stutzen** - *plötzlich etwas Ungewöhnliches bemerken*
7 **entgeistert** - *sehr erschreckt, geschockt*
8 **sich fassen** - *wieder Kontrolle über seine Gefühle und Handlungen bekommen*
9 **heiser** - *mit rauer, tiefer Stimmer*

Tom schloss schnell die Tür und rannte zu seinem Freund.

„Du bist wach!", schluchzte er erleichtert, während Laurenz versuchte, von ihm **wegzukriechen**[1].

„Ich rufe den Krankenwagen, ja? Alles wird gut, Liebling. Hörst du? Alles wird gut."

Tom versuchte, Laurenz in den Arm zu nehmen, doch der stieß ihn erneut von sich weg. „Bitte, ich flehe dich an – tu mir nicht weh", **stammelte**[2] er schwach.

Irgendwie schaffte Tom es doch, Laurenz in den Arm zu nehmen. Sanft **wiegte** er **ihn hin und her**[3].

„Das wollte ich nicht. Bitte, bitte verzeih mir. Es wird alles wieder gut."

Laurenz hatte keine Kraft mehr, sich aus seiner Umarmung zu befreien und ließ alles **still über sich ergehen**[4]. Wieder wählte Tom die Nummer 112. Zwanzig Minuten später trafen die Notärzte ein und brachten Laurenz ins Krankenhaus.

Auf Anordnung des Arztes musste Tom im Wartezimmer des Krankenhauses sitzen bleiben. Mehrmals hatte er darum gebeten, Laurenz sehen zu dürfen, doch Laurenz hatte dies **vehement**[5] abgelehnt.

Während Tom im Wartezimmer saß, bekam er eine SMS von Bettina. **Gedankenverloren**[6] öffnete Tom die Nachricht.

„Hey Tom, wie geht's dir? Du, ich glaub, ich habe mich total geirrt. Das war gar nicht Laurenz, den ich vor ein paar Tagen im Restaurant gesehen habe. Der Typ **sah** ihm aber **zum Verwechseln ähnlich**[7]! Sorry für **die Verwechslung**[8]. Ich hoffe, bei euch ist alles gut. Bleibt es beim Brunch kommenden Sonntag? Viele liebe Grüße, Betty."

1 **wegkriechen** – *sich auf allen Vieren oder dem Bauch wegbewegen*
2 **stammeln** – *mit vielen Pausen und sehr undeutlich und stockend sprechen*
3 **jmdn. hin- und herwiegen** – *jmdn. sanft wie ein Baby in den Armen schaukeln*
4 **etw. (Akk.) still über sich ergehen lassen** – *etw. (Akk.) still und ohne sich zu wehren ertragen*
5 **vehement** – *kategorisch, absolut*
6 **gedankenverloren** – *unkonzentriert, mit den Gedanken bei ganz anderen Dingen*
7 **jmdm. zum Verwechseln ähnlich sehen** – *jmdm. sehr ähnlich sehen*
8 **die Verwechslung** – *Missverständnis, Irrtum*

Tom las die Zeilen immer und immer wieder. Doch noch bevor er **einen klaren Gedanken fassen**[1] konnte, standen zwei Polizisten vor ihm und baten ihn mitzukommen.

„Sie hat sich geirrt", sagte er leise. Dann stand er auf und ließ sich verhaften.

Der Englische Garten in München

München ist die Landeshauptstadt Bayerns und ein bedeutendes, kulturelles und wirtschaftliches Zentrum.

Zu den wichtigsten Sehenswürdigkeiten gehört neben dem Marienplatz, dem Hofbräuhaus und dem Odeonsplatz der Englische Garten am Westufer des Flusses Isar. Mit 375 Hektar ist der Englische Garten der größte Stadtpark Europas und sogar größer als der Central Park in New York. Somit zählt er auch zu den größten Stadtparks der Welt.

Vom Rundtempel im griechischen Stil (auch Monopteros genannt), gibt es den wohl schönsten Ausblick. Der künstlich erbaute Hügel darunter wurde zusammen mit dem Rundtempel im Jahr 1836 eingefügt. Zu den bliebtesten Freizeitaktivitäten im Englischen Garten zählen unter anderem das Surfen im Eisbach, das Bootfahren im Kleinhesseloher See und ein Besuch in einem der vielen Biergärten.

1 **einen klaren Gedanken fassen (idiom.)** – *vernünftig nachdenken, einen klaren Plan machen*

9. SPURENSUCHE

Der Tatort wurde gerade gesichert, als Erik Hansen die Wohnung betrat. Seit einem Jahr arbeitete Hansen nun als Kommissar bei der Flensburger Kriminalpolizei. Bei seinem Abschluss der Bundespolizeiakademie in Lübeck war er erst 23 Jahre alt gewesen und damit einer der jüngsten **Absolventen**[1] aller Zeiten. Schon sein Vater und sein Großvater hatten als Polizisten gearbeitet und Erik konnte sich gar keinen anderen Beruf vorstellen. Der Sinn für Gerechtigkeit und die Freude an genauem Arbeiten lagen ihm sozusagen im Blut.

Seinen ersten Fall, den er direkt nach seinem Abschluss übernommen hatte, konnte er innerhalb weniger Wochen lösen. Viele seiner Kollegen empfanden ihn als sehr kühl, arrogant und humorlos. Erik selbst **bezeichnete**[2] sich eher **als** direkt, **ehrgeizig**[3] und **pragmatisch**[4] – denn schließlich wollte er Mordfälle lösen und keinen **Beliebtheitswettbewerb**[5] gewinnen. Die **Sticheleien**[6] und dummen Sprüche, die er des Öfteren zu hören bekam, waren für ihn nur eine Form von Neid. Eigentlich war es ihm auch vollkommen egal, was die Kollegen von ihm dachten. Private Kontakte mit den Kollegen waren ihm nicht wichtig. Nach Feierabend ging er lieber nach Hause, als mit den Kollegen noch ein Bier zu trinken. Wenn ein Fall noch nicht gelöst war, konnte er sowieso an nichts anderes denken. Und er wollte es auch nicht.

1 **der Absolvent/die Absolventin** – *jmd., der eine Schule oder Ähnliches erfolgreich abgeschlossen hat*
2 **jmdn. bezeichnen als (+ Adj.)** – *passende Adjektive für jmdn. finden*
3 **ehrgeizig** – *voll großer Pläne; bemüht, beste Ergebnisse zu erzielen*
4 **pragmatisch** – *sachbezogen, sachlich*
5 **der Beliebtheitswettbewerb** – *Wettbewerb, bei dem es darum geht, wen andere besonders gern/am liebsten mögen*
6 **die Stichelei** – *Gerede, mit dem sich andere über jmdn. lustig machen*

„**Das ist Fluch und Segen zugleich**[1]“, sagte ihm einmal sein älterer Kollege Heinrich, während sie im Auto in der Nähe des Museumshafens saßen und einen Verdächtigen **observierten**[2]. Es war Eriks erste Observation. Wie immer, wenn er arbeitete, konzentrierte er sich ganz auf seine Arbeit und hatte daher kein Interesse daran, sich mit Heinrich zu unterhalten.

Erst nachdem die beiden circa eine Stunde schweigend nebeneinander gesessen hatten, kamen sie endlich ins Gespräch. Erik hätte am liebsten weiter geschwiegen, um nichts Wichtiges zu verpassen. Doch er hatte viel zu viel Respekt vor Heinrich, als dass er ihn hätte **zurechtweisen**[3] können.

„Wie meinst du das?“, fragte er.

„Auf der einen Seite ist es ein Vorteil, dass du dich immer so gut konzentrierst und so **zielstrebig**[4] bist“, meinte Heinrich. „Du gibst nicht auf, bevor du nicht **ins Schwarze getroffen**[5] hast. Auf der anderen Seite...“

„Auf der anderen Seite was?“, **hakte** Erik **nach**[6]. Bei jedem anderen Kollegen wäre ihm so ein Gespräch auf die Nerven gegangen.

„Auf der anderen Seite **engt** es deinen Blick **ein**[7].“

Irritiert[8] schaute Erik seinen Kollegen an. Er verstand nicht, was er damit sagen wollte.

Heinrich erklärte weiter: „Stell dir vor, du blickst durch ein **Fernrohr**[9]. Du erkennst alles, was vor dir liegt, siehst Details, die andere nicht sehen oder erst erkennen können, wenn sie näher herankommen. Aber dabei kann es leicht passieren, dass du etwas übersiehst...“

1 **Das ist Fluch und Segen zugleich.** – *Das ist sowohl gut als auch schlecht.*
2 **jmdn. observieren** – *jmdn. polizeilich beobachten*
3 **jmdn. zurechtweisen** – *jmdn. mit strengen Worten kritisieren*
4 **zielstrebig** – *nur an Ergebnissen interessiert, fleißig*
5 **ins Schwarze treffen (idiom.)** – *richtigliegen, das Richtige erkennen*
6 **nachhaken** – *nachfragen*
7 **etw. (Akk.) einengen** – *etw. (Akk.) kleiner machen, begrenzen*
8 **irritiert** – *durcheinander, verwirrt*
9 **das Fernrohr** – *zylindrisches, optisches Gerät, mit dem man in die Ferne sehen und Objekte vergrößern kann*

Erik wollte schon fragen, was er denn schon einmal übersehen habe, da packte Heinrich ihn von hinten am Hals und schüttelte ihn. Erik **schrie auf**[1]. Doch Heinrich lachte nur und sagte:

„Siehst du?! Meine Hand hast du gar nicht kommen sehen. Du hast zu **starr**[2] nach vorn geschaut."

Etwas ernster sagte er: „Es ist wichtig, alle möglichen Details zu bedenken und nicht nur die Tatsachen zu **berücksichtigen**[3], die **klar auf der Hand liegen**[4]. Du musst deinen Blick öffnen, flexibel bleiben, damit dir das ganze Bild klar wird."

Erik hatte schon längst verstanden, doch er wollte Heinrich nicht unterbrechen. Er hatte so eine angenehme Art, etwas zu erklären, ohne dabei **belehrend**[5] zu wirken.

Eine Woche später wurde Heinrich vom Dienst **suspendiert**[6] – nur fünf Monate vor seiner Pensionierung. Keiner wollte Erik erklären, warum. Erik begriff schnell, dass es sich hierbei wohl um eine interne Angelegenheit handelte, die ihn nichts anging. Nach zwei Wochen ohne einen konkreten Hinweis auf die Gründe für Heinrichs Suspendierung entschied sich Erik, die Sache erst einmal **auf sich beruhen zu lassen**[7] und sich wieder voll und ganz auf seine Arbeit zu konzentrieren.

Seitdem waren weitere fünf Monate vergangen. Nun stand er in Heinrichs Wohnung. Doch Heinrich war tot. Als Erik kam, war die **Spurensicherung**[8] gerade **in vollem Gange**[9].

1 **aufschreien** - *kurz und plötzlich schreien*
2 **starr** - *unbeweglich*
3 **berücksichtigen** - *bedenken, in seine Überlegungen einbeziehen*
4 **klar auf der Hand liegen (idiom.)** - *offensichtlich sein*
5 **belehrend** - *arrogant, besserwisserisch*
6 **jmdn. suspendieren** - *jmdn. zeitweilig von der der Arbeit beurlauben*
7 **etw. (Akk.) auf sich beruhen lassen** - *sich nicht weiter um etw. (Akk.) kümmern*
8 **die Spurensicherung** - *(hier:) die polizeiliche Suche und Katalogisierung von Spuren*
9 **in vollem Gange sein (idiom.)** - *mittendrin sein, in der wichtigsten Phase sein*

Fingerabdrücke[1] wurden gesichert und Haar- und Materialproben genommen. Alle Polizisten trugen Schutzanzüge und Handschuhe, damit keine falschen Spuren entstanden. Auch Erik war **in voller Montur**[2], als er eintrat.

Er folgte der Blutspur am Boden zu Heinrichs **Leiche**[3], die zwischen Wohnzimmer und Balkon lag. Die große Glasscheibe, die das Wohnzimmer vom Balkon trennte, war völlig **zersplittert**[4]. Jemand musste Heinrich mit aller Gewalt dagegen gestoßen haben. Am Oberkörper und am Bauch konnte Erik einige tiefe Stichwunden entdecken, die wohl auch die Todesursache waren. Das Blut, das aus den Wunden getreten war, war längst getrocknet.

Erik sah auf Heinrichs leblosen Körper. Seine Augen waren weit geöffnet, als wundere er sich darüber, was ihm da passiert war.

Hoch konzentriert folgte Erik der Blutspur, die am Esszimmertisch anfing und bei der Leiche endete. Der Täter musste Heinrich quer durch den Raum verfolgt haben.

Um einen so großen und schweren Mann wie Heinrich **überwältigen**[5] und gegen die Fensterscheibe stoßen zu können, musste der **Angreifer**[6] ziemlich groß und kräftig gewesen sein.

Erik erinnerte sich, wie klein und **schmächtig**[7] er **sich** immer neben Heinrich **vorgekommen**[8] war. Doch das Gefühl der körperlichen **Unterlegenheit**[9] **war** sehr schnell **verflogen**[10], als er sich das erste Mal mit ihm unterhalten und sein herzliches Lachen gehört hatte. Von allen Kollegen hatte er Heinrich immer am besten leiden können.

1 **der Fingerabdruck** – *Spur, die die Finger hinterlassen*
2 **in voller Montur** – *(hier:) in vollständiger Schutzkleidung*
3 **die Leiche** – *toter Körper*
4 **zersplittern (Glas)** – *in viele kleine Stücke zerbrechen*
5 **jmdn. überwältigen** – *jmdn. in einem Kampf/mit Gewalt zu Boden drücken*
6 **der Angreifer/die Angreiferin** – *Person, die einen Kampf beginnt*
7 **schmächtig** – *dünn und schwach*
8 **sich vorkommen** – *sich fühlen*
9 **die Unterlegenheit** – *Schwäche im Vergleich zu jmd. anderem*
10 **verfliegen** – *weggehen, aufhören*

Dennoch spürte Erik keine wirkliche Trauer, als er von Heinrichs Tod erfuhr. Nach dem ersten Schock war in ihm gleich wieder sein beruflicher Ehrgeiz erwacht. Er wollte und musste herausfinden, wie es zu dem Tod gekommen war. Zwar hatte man ihm gesagt, dass die **Ermittlungen**[1] bereits liefen und er für diesen Fall nicht zuständig war. Doch er hatte sich trotzdem entschieden, sich den Tatort einmal persönlich anzusehen, um Genaueres herauszufinden.

Über eine Stunde lang hatte er in der Ecke des Wohnzimmers gestanden und nachgedacht, während die Kollegen von der **Spurensicherung**[2] ihre Arbeit **verrichteten**[3]. Auch als alle anderen Polizisten fertig waren und gingen, blieb Erik noch vor Ort. Immer wieder stellte er sich den Tatverlauf vor: Der Angreifer kam zur Tür herein, später hatte ein Kampf stattgefunden. Während des Kampfes nahm der Angreifer sein Messer und stach Heinrich in die Brust und in den Bauch. Aber Heinrich gab nicht auf. Er **wehrte sich**[4], **taumelte**[5] aber nach hinten, landete in der Glasscheibe, brach zusammen und **erlag** später **seinen Verletzungen**[6].

Heinrich musste den Angreifer gekannt haben, da es keine Hinweise auf ein gewaltsames **Eindringen**[7] in die Wohnung gab. Auf dem Esszimmertisch standen eine Vase mit nicht mehr ganz frischen Blumen, eine Flasche Schnaps und zwei leere Schnapsgläser. Hatte Heinrich seinem Mörder ein Glas angeboten, bevor er angegriffen wurde? Die Spurensicherung hatte von den Gläsern, der Flasche und dem Tisch Fingerabdrücke genommen. Erik machte sich eine Notiz, damit er nicht vergaß, die Kollegen am nächsten Morgen nach den Ergebnissen zu fragen.

1 **die Ermittlungen (Pl.)** – *polizeiliche Untersuchungen*
2 **die Spurensicherung** – *(hier:) die Polizeiabteilung, die sich mit der Sicherung der Spuren beschäftigt*
3 **etw. (Akk.) verrichten** – *etw. (Akk.) tun, machen*
4 **sich wehren** – *kämpfen, wenn man angegriffen wird*
5 **taumeln** – *auf unsicheren Beinen gehen, fast hinfallen*
6 **seinen Verletzungen erliegen** – *an seinen Verletzungen sterben*
7 **das Eindringen** – *Betreten ohne Erlaubnis*

Plötzlich kamen zwei Männer mit einer **Bahre**[1] in die Wohnung und **rissen** Erik **aus seinen Gedanken**[2]. Sie wollten die Leiche zur Obduktion bringen, wo sie untersucht wurde.

„Warten Sie“, sagte er zu den beiden Männern. „Geben Sie mir bitte noch einen Augenblick.“

Die Männer waren einverstanden, baten ihn aber, sich zu beeilen.

Erik zog den Schutzanzug aus, **beugte sich** zu Heinrich **herunter**[3] und sagte ihm leise ins Ohr: „Keine Sorge, ich kümmere mich darum – ich werde den Mörder finden.“

Dann trat er zur Seite und ließ die Männer ihre Arbeit verrichten. Erik stand etwas **abseits**[4] und sah zu, wie sie seinen Kollegen in den **Leichensack**[5] legten und den **Reißverschluss**[6] zuzogen – ein Geräusch, das ihm nur allzu bekannt war.

Als die Polizisten die Wohnung verlassen hatten, nahm sich Erik noch einen Moment Zeit, durch die Wohnung zu gehen. Die Einrichtung war sehr **schlicht**[7] und im Stile der 60er Jahre gehalten. Das Bett im Schlafzimmer war gemacht, die Vorhänge noch offen. Heinrich hatte zum Tatzeitpunkt also noch nicht vorgehabt, schlafen zu gehen.

Erik verließ das Schlafzimmer und schaute sich einen Moment im Badezimmer um. Auf dem Waschbeckenrand lagen eine Tube **Rasiercreme**[8] und ein **Rasiermesser**[9], darunter stand ein Wäschekorb, aus dem schmutzige Wäsche hing. Nichts **deutete darauf hin**[10], dass dieses Zimmer nach dem Mord betreten worden war.

1 **die Bahre** – *(hier:) tragbare Liege zum Transport von Toten*
2 **jmdn. aus seinen Gedanken reißen** – *jmds. Gedanken unterbrechen*
3 **sich herunterbeugen** – *seinen Oberkörper nach unten biegen*
4 **abseits** – *entfernt*
5 **der Leichensack** – *große Plastikhülle zum Transport von Toten*
6 **der Reißverschluss** – *zweireihige Konstruktion aus kleinen Metall- oder Plastikzähnen zum Schließen eines Kleidungsstücks*
7 **schlicht** – *einfach*
8 **die Rasiercreme** – *Creme zum Rasieren mit Rasierklinge und Wasser*
9 **das Rasiermesser** – *Messer zum Rasieren ohne Strom*
10 **auf etw. (Akk.) hindeuten** – *einen Hinweis auf etw. (Akk.) geben*

Die Kollegen hatten ja auch wirklich schon jeden Winkel und Raum gründlich durchsucht. Trotzdem hoffte er, etwas zu finden, etwas, was vielleicht doch übersehen worden war und was dazu beitragen könnte, den Mörder zu finden.

Nachdenklich trat Erik wieder ins Wohnzimmer.

Auf der einen Seite des Zimmers stand ein **Plattenspieler**[1] und im Regal dahinter reihten sich unzählige **Schallplatten**[2] aneinander.

Nachdem auch der **Leichenwagen**[3] weggefahren und alles wieder still war, nahm er eine Schallplatte der Rolling Stones heraus, schaltete den Plattenspieler an und legte die Platte auf. Ein bekannter Song erklang: (I Can't Get No) Satisfaction.

Dann ging er in die Küche, die sehr klein und offenbar nicht oft benutzt worden war: Der Herd sah noch aus wie neu. Erik öffnete den Kühlschrank, fand aber nur eine halbe Flasche Mineralwasser und ein fast leeres Glas mit Gurken. Gerade als er den Kühlschrank schließen wollte, sah er, dass aus dem **Gefrierfach**[4] eine Tüte heraushing. Neugierig öffnete er das Fach und schon fielen ihm mehrere Tüten entgegen, die mit 100-Euro-Scheinen **vollgestopft waren**[5]. Plötzlich hörte er ein **Klirren**[6]. Es schien aus dem Wohnzimmer zu kommen.

Als er mit **gezückter**[7] Waffe ins Wohnzimmer trat, lagen **Porzellanscherben**[8] auf dem Boden. Die Vase, die vorhin noch hier gestanden hatte, musste gerade heruntergefallen sein. Ansonsten war aber nichts Auffälliges zu sehen. Langsam ging er auf den Plattenspieler zu und nahm die Nadel von der Platte.

1 **der Plattenspieler** – *elektrisches Gerät zum Abspielen von Schallplatten*
2 **die Schallplatte** – *schwarze, runde Kunststoffscheibe mit Musik*
3 **der Leichenwagen** – *Auto, in dem Tote transportiert werden*
4 **das Gefrierfach** – *ein Fach im Kühlschrank, in dem man Lebensmittel bei unter 0°C aufbewahren kann*
5 **etw. (Akk.) mit etw. (Dat.) vollstopfen** – *etw. (Akk.) mit etw. (Dat.) ganz dicht/eng füllen*
6 **das Klirren** – *Geräusch, das Gegenstände aus Porzellan machen, wenn sie kaputtgehen*
7 **etw. (Akk.) zücken** – *etw. (Akk.) herausziehen*
8 **die Porzellanscherbe** – *kleines Stück eines kaputten Porzellangegenstands*

Angestrengt **horchte**[1] er in die Stille, doch es war absolut nichts zu hören.

Vorsichtig ging er in Richtung Schlafzimmer und schaltete das Licht an. Nachdem er hinter die Schlafzimmertür gesehen hatte, **schlich**[2] er in Richtung Badezimmer. Auch hier schaltete er das Licht an, doch der Raum schien leer. Gerade als er sich wieder umdrehen wollte, bemerkte er, dass das Rasiermesser nicht mehr auf dem Waschbeckenrand lag. Es war weg. Jemand musste gerade noch im Bad gewesen sein. Kaum hatte er das gedacht, packte ihn jemand an der Schulter und hielt ihm das Rasiermesser an den Hals.

„Nicht bewegen! Runter mit der Waffe!“, befahl der Angreifer.

Die **Klinge**[3] des Rasiermessers lag direkt an Eriks **Kehle**[4].

„Schon gut, schon gut! Ich leg‘ sie ins Waschbecken!“, antwortete Erik und bewegte sich langsam in Richtung Waschbecken. Doch anstatt die Waffe reinzuwerfen, stieß er dem Angreifer plötzlich seinen **Ellbogen**[5] in die **Magengrube**[6].

Der Angreifer **stöhnte**[7] und trat einige Schritte zurück. Sofort richtete Erik die Waffe auf den Mann, der sehr groß und kräftig war. ‚Das ist der Mörder‘, **durchzuckte**[8] es ihn. Dann schrie er: „Lass das Rasiermesser fallen!“

Der Angreifer **grinste**[9], ließ das Rasiermesser aber nicht fallen. Zu Eriks Verwunderung war es voller Blut.

„Fallen lassen!“, befahl Erik erneut. Dabei merkte er, wie alles um ihn herum mit einem Mal **verschwamm**[10]. Schnell griff er sich an den Hals. Tatsächlich trat hier Blut aus einer Wunde.

1 **horchen** – *aufmerksam zuhören*
2 **schleichen** – *leise und langsam gehen*
3 **die Klinge** – *scharfe Seite eines Messers*
4 **die Kehle** – *vorderer Teil vom Hals*
5 **der Ellbogen** – *spitzer Knochen in der Mitte des Arms*
6 **die Magengrube** – *Bauch*
7 **stöhnen** – *einen lang gezogenen Laut von sich geben, (hier:) Zeichen von Schmerzen*
8 **jmdn. durchzucken** – *jmdm. plötzlich klar werden*
9 **grinsen** – *breit lächeln*
10 **verschwimmen** – *unklar, unscharf werden*

Der Angreifer versuchte zu fliehen, doch Erik schoss ihm ins Bein, woraufhin der Mann aufschrie und zu Boden sank. Trotz seiner Schmerzen versuchte der Angreifer wegzukommen. Und dann **wurde es** Erik plötzlich **schwarz vor Augen**[1].

Stunden später erwachte er im Krankenhaus. Das helle Licht schmerzte ihn in den Augen. Mit einiger Mühe versuchte er, sich hinzusetzen und die vielen **Schläuche**[2] zu entfernen. Doch schon kam eine Krankenschwester herbeigeeilt.

„Schön liegen bleiben", **mahnte**[3] sie. „Sie müssen **sich** noch **schonen**[4]."

„Ich... Ich muss ihn finden!", sagte Erik leise.

„Sie müssen gar nichts. Sie können noch nicht aufstehen."

„Das – verstehen – Sie – nicht!", **ächzte**[5] Erik. „Er ist entkommen – Heinrichs Mörder – er ist entkommen!"

Die Krankenschwester tat ihr Bestes, um Erik zu beruhigen. Doch als nichts half, gab sie ihm ein Beruhigungsmittel.

Eine Stunde später trat einer seiner Kollegen namens Richter an sein Krankenbett.

„Na, du?", meinte er nur.

Etwas **benommen**[6] von dem Beruhigungsmittel schaute Erik ihn an. „Habt ihr ihn gefasst?"

„Du hattest echt Glück im Unglück, Hansen. Du wärst fast **verblutet**[7]. Was hast du dir nur dabei gedacht? Du weißt, dass du gar nicht am Tatort sein durftest, oder?" Nach einer Weile sagte er leise: „Gute Arbeit, Kollege, das muss man schon sagen."

Erik versuchte erneut, sich gerade hinzusetzen. „Das heißt: Ihr habt ihn?", fragte er.

1 **jmdm. wird schwarz vor Augen (idiom.) –** *jmd. wird ohnmächtig, jmd. fällt um*
2 **der Schlauch –** *(hier:) Kanal aus Gummi, durch den Medikamente in den Körper gepumpt werden*
3 **jmdn. mahnen –** *jmdn. warnen*
4 **sich schonen –** *sich nach einer Krankheit nicht zu sehr anstrengen*
5 **ächzen –** *(hier:) stöhnend, unter Schmerzen sagen*
6 **benommen –** *müde, nicht ganz klar im Kopf*
7 **verbluten –** *sterben, weil man zu viel Blut verloren hat.*

Richter **seufzte**[1]. „Ja, wir haben ihn, – dank der Fingerabdrücke auf dem Rasiermesser. Die Fingerabdrücke auf dem einen Schnapsglas hatte der Täter abgewischt. Aber die Fingerabdrücke auf dem Rasiermesser haben wir mit unserer Datenbank **abgeglichen**[2] und eine **Fahndung**[3] rausgegeben. Mario Maurer. Wird schon in drei Ländern gesucht. Vor etwa einer Stunde haben wir ihn in der Nähe der Grenze gefasst." Richter **räusperte sich**[4], und sagte dann: „Heinrich **hatte** übrigens **Dreck am Stecken**[5]. Wollte seine Pension etwas aufbessern, hat sich Zugang zu ein paar Konten verschafft. Maurer **hat** irgendwie **Wind davon gekriegt**[6] und war auf das Geld aus. Heinrich hat es zur Sicherheit im Gefrierfach seines Kühlschranks aufbewahrt."

Erleichtert, dass der Täter gefasst worden war, ließ Erik sich wieder in seine Kissen sinken. Es war ihm nicht mehr wichtig, was Heinrich als Polizist getan hatte. Wichtig war nur, dass der Mörder gefasst war.

Nachdem Richter sich verabschiedet hatte und gegangen war, fühlte Erik, wie sich eine **bleierne**[7] Müdigkeit über ihn legte. Noch bevor er die Augen schloss und in tiefen Schlaf fiel, hörte er ein ihm bekanntes Lachen. Es war Heinrichs Stimme, die in seinem Kopf **nachhallte**[8]: „Danke, Junge."

1 **seufzen** – *laut Luft ausstoßen*
2 **abgleichen** – *vergleichen, um Gemeinsamkeiten und Unterschiede zu finden*
3 **die Fahndung** – *polizeiliche Suche*
4 **sich räuspern** – *leicht husten, damit die Stimmer wieder klar wird*
5 **Dreck am Stecken haben (ugs., idiom.)** – *etw. Kriminelles getan haben*
6 **von etw. Wind kriegen (ugs., idiom)** – *etw. erfahren*
7 **bleiern** – *sehr schwer, schwer wie Blei*
8 **nachhallen** – *noch (in der Erinnerung) zu hören sein*

Der Museumshafen Flensburg

Direkt neben dem Schifffahrtsmuseum und der Flensburger Museumswerft liegt der Museumshafen. Er gehört zum Historischen Hafen der Stadt. Etwa zwanzig historische Segelschiffe werden dort ausgestellt, wie z.B. die Dagmar Aaen.

Eine echte Attraktion ist auch das Passagierdampfschiff Alexandra. Es wurde 1908 erbaut und kann ebenfalls im Historischen Hafen besichtigt werden. Zudem bietet der Museumshafen Ausflüge mit verschiedenen Schiffen u.a. mit der Alexandra an.

Seit 1993 findet alle zwei Jahre die Veranstaltung *Dampf Rundum*, Europas größtes Dampfertreffen, statt, das bis zu 350.000 Besucher anlockt. Außerdem wird einmal im Jahr die sogenannte *Rum-Regatta* organisiert, ein traditionelles Seglertreffen mit Kultstatus, an dem rund 120 Schiffe teilnehmen.

10. DIE ENTFÜHRUNG

Das Auto **raste**[1] mit fast 200 km/h über die dunkle Autobahn. In dem gestohlenen BMW saßen Michael und seine Freundin Martha. Beide sahen sehr nervös aus. Immer wieder schaute Michael in die Autospiegel, um zu sehen, ob jemand **hinter ihnen her war**[2].

„Siehst du was?", fragte Martha nun schon zum dritten Mal. Auch sie überprüfte pausenlos den Rückspiegel. „Nee, du?", meinte Michael.

„Nein, ich auch nicht. Denkst du, wir haben sie **abgehängt**[3]?", fragte Martha.

„Bist du denn sicher, dass das überhaupt die **Bullen**[4] waren?"

„Sicher bin ich mir nicht – aber das Auto fuhr so lange hinter uns her. Fandst du das nicht komisch?"

Plötzlich leuchtete ein Lämpchen am **Armaturenbrett**[5] des Autos auf. Der Benzintank war fast leer.

„So ein Mist!", **fluchte**[6] Michael und schlug mit der Hand auf das Lenkrad.

Martha versuchte, ihn zu beruhigen: „Keine Panik – wir tanken nur schnell. In ein paar Minuten kann es dann schon weitergehen. Und jetzt mitten in der Nacht ist bestimmt nicht viel los." Doch besonders überzeugt klang sie nicht.

„Auf keinen Fall darf uns irgendwer sehen", erklärte Michael. „Tankstellen haben doch alle Videokameras, oder etwa nicht?"

1 **rasen** – *(hier:) sehr schnell fahren*
2 **hinter jmdm. her sein (ugs.)** – *jmdn. verfolgen*
3 **jmdn. abhängen** – *jmdn. bei einer Jagd oder einem Rennen weit hinter sich lassen*
4 **der Bulle (ugs., sal.)** – *Polizist*
5 **das Armaturenbrett** – *Anzeigetafel hinter dem Lenkrad*
6 **fluchen** – *schimpfen, unhöfliche Wörter benutzen*

„Okay, okay. Dann lass uns jetzt erst einmal auf dem Parkplatz an der **Raststätte**[1] dort vorne anhalten", schlug Martha vor.

Michael fuhr auf den Parkplatz der Raststätte und stellte das Auto ganz am Rand ab. Weit und breit war kein Mensch zu sehen.

Einen Moment sagte keiner etwas. Dann bemerkte Michael: „Okay. – Einer von uns muss zur Tankstelle. – Ich glaube, ich gehe, besorg' uns einen **Kanister**[2] mit Benzin und komme dann wieder zurück." Er wollte schon aussteigen, doch Martha legte ihm die Hand auf den Arm.

„Nee, lass mal. Das ist keine gute Idee. Wie sieht das denn aus, wenn du einen Kanister kaufst und ihn mit Benzin füllst, nur um ihn dann ein paar Meter weiter in unser Auto zu **schütten**[3]!?"

Wütend **erhob** Michael **die Stimme**[4]. „Was schlägst du denn vor? Sollen wir mit dem gestohlenen Auto etwa direkt vor den Kameras parken, damit sie uns **schnappen**[5] können, während wir tanken?"

„Hey, schrei mich nicht so an, okay? Das hier war ja nicht meine Idee, sondern deine!"

„Jetzt ist es also meine Schuld? Du **spinnst**[6] doch wohl!"

Durch die ganze Streiterei bemerkten sie die Geräusche, die aus dem Kofferraum kamen, zunächst gar nicht. Erst als das ganze Auto zu wackeln begann, wurde Michael aufmerksam „Sei mal leise!", befahl er.

„Du hast mir hier gar nichts zu sagen!", **keifte**[7] Martha.

„Hörst du auch, was ich höre?"

„Was soll ich denn hören?", fragte Martha genervt.

Michael legte einen Zeigefinger an die Lippen, um ihr zu **signalisieren**[8], dass sie leise sein sollte, stieg aus und ging dann langsam auf den Kofferraum zu. Martha folgte ihm.

1 **die Raststätte** – *Gasthaus mit Tankstelle an Autobahnen*
2 **der Kanister** – *Behälter aus dickem Plastik mit mindestens 5l, in den man Benzin füllen kann*
3 **schütten** – *gießen*
4 **die Stimme erheben** – *laut werden, schreien*
5 **jmdn. schnappen (ugs.)** – *jmdn. fassen, jmdn. gefangen nehmen*
6 **spinnen (ugs.)** – *verrückt sein*
7 **keifen** – *mit hoher Stimme schimpfen*
8 **jmdm. etw. (Akk.) signalisieren** – *jmdn. auf etw. (Akk.) hinweisen*

Da bewegte sich plötzlich die Kofferraumklappe. Die beiden erschraken.

„Er ist wach!", sagte Martha überrascht.

„Das **Beruhigungsmittel**[1] sollte doch mindestens vier Stunden wirken", meinte Michael.

„Was machen wir denn jetzt bloß? Von dem Beruhigungsmittel haben wir nichts mehr und die Zeit rennt uns langsam davon. Wir müssen hier weg!"

Vor circa drei Stunden waren Michael und Martha zu einem **Anwesen**[2] in Konstanz am Ufer des Bodensees gefahren. Sie hatten die Sicherheitskameras ausgeschaltet, indem sie **sich** zuvor **ins System hackten**[3]. Dann waren sie durch die Hintertür eingebrochen, hatten sich in der Garderobe im Flur versteckt und darauf gewartet, dass Gregor Valentin zurückkam. Der Unternehmer Gregor Valentin besaß viele verschiedene Firmen, die Geschäfte mit **Rüstungskonzernen**[4] machten, und war dadurch sehr reich geworden. Und das gefiel Michael und Martha überhaupt nicht. Schon seit ihrer Jugend waren die beiden politisch und **sozial engagiert**[5] und nahmen regelmäßig an **Demonstrationen**[6] teil. Doch irgendwann fanden sie, dass Demonstrieren allein nicht reichte, wenn sie wirklich etwas erreichen wollten. **Nach langem Hin und Her**[7] entschieden sie sich dann dazu, noch einen Schritt weiter zu gehen, selbst wenn das bedeutete, kriminell zu werden. Schließlich, so **rechtfertigten** sie **sich**[8], **diente** es ja **einem guten Zweck**[9]. Und wenn niemand sonst den Mut zu etwas deutlicheren Aktionen hatte, dann würden *sie* eben handeln müssen.

1 **das Beruhigungsmittel** – *Medikament, das die Nerven beruhigt und jmdn. müde macht*
2 **das Anwesen** – *großes Stück Land mit einem Zaun oder einer Mauer darum herum und einem teuren Haus darauf*
3 **sich ins System hacken** – *illegal auf Computerprogramme zugreifen*
4 **der Rüstungskonzern** – *Firma, die Waffen für militärische Zwecke herstellt*
5 **sozial engagiert** – *ohne Lohn für soziale Einrichtungen arbeiten*
6 **die Demonstration** – *Zusammenkommen vieler Menschen auf einer Straße oder einem Platz, um mit Plakaten gegen etw. zu protestieren*
7 **nach langem Hin und Her** – *nach langen Überlegungen und verschiedenen Plänen*
8 **sich rechtfertigen** – *Gründe nennen, warum das eigene Handeln richtig ist*
9 **einem guten Zweck dienen** – *für ein gutes Ziel gemacht werden*

Und so sah ihr Plan aus: Sie würden Valentin entführen und erst gegen ein **Lösegeld**[1] von 100 Millionen Euro wieder laufen lassen. Das Lösegeld würden sie auf ein Schweizer Bankkonto einzahlen und dann an verschiedene **Hilfsorganisationen**[2] auf der ganzen Welt spenden. Sie nannten es den „Robin-Hood-Effekt", da sie genauso wie Robin Hood das Geld von einem Reichen nahmen und an die Ärmsten weitergaben. Sie selbst wollten keinen einzigen Cent von dem Lösegeld behalten. Die Medien würden sich **gierig**[3] auf diese Geschichte stürzen und sie überall verbreiten. Vielleicht würden sich sogar andere dazu **ermutigt**[4] fühlen, Ähnliches zu tun. Wenn sie beide für ihre **Ideale**[5] ins Gefängnis wandern sollten, dann war das eben so. Wichtig war ihnen nur, dass sie **ein Zeichen setzten**[6] und für das Gute kämpften.

Doch nachdem sie in das riesige Anwesen eingebrochen waren, hatte sie ihr Mut schnell verlassen. Das lange Warten in dem großen, stillen Haus machte sie fast verrückt. Und dann war da auch noch diese schreckliche Waffe in Michaels Hand.

Einen Tag vor ihrer Aktion hatten sie ihren Freund Olaf gebeten, ihnen die Waffe auszuleihen, die er nach dem Tod seines Vaters geerbt hatte.

„Aber ihr seid doch total gegen Waffen und Rüstungskonzerne", wunderte sich Olaf.

„Ja klar, natürlich sind wir dagegen. Wir wollen sie ja auch gar nicht richtig benutzen. Wir brauchen sie doch nur, um jemanden etwas **einzuschüchtern**[7], das ist alles.

Als endlich jemand zur Tür hereinkam, **lauschten**[8] sie gespannt. Die Person ging ins Wohnzimmer und schaltete den

1 **das Lösegeld -** *Geld, das bezahlt wird, um Gefangene „freizukaufen"*
2 **die Hilfsorganisation -** *Organisation, die Menschen und Tieren hilft*
3 **gierig -** *(hier:) mit großer Lust/Freude*
4 **jmdn. zu etw. (Dat.) ermutigen -** *jmdn. motivieren, etw. (Akk.) zu tun, jmdm. gut zureden, etw. (Akk.) zu tun*
5 **das Ideal -** *Vorstellung von einer guten und gerechten Ordnung*
6 **ein Zeichen setzen (idiom.) -** *etwas Gutes tun, um andere zu ähnlichen Aktionen aufzufordern*
7 **jmdn. einschüchtern -** *jmdm. Angst machen*
8 **lauschen -** *aufmerksam oder heimlich zuhören*

Fernseher ein. Leise gingen sie hinterher und sahen durch die Wohnzimmertür. Da war er – Valentin!

Michael sprang vor und schrie: „Hände hoch!"

Doch als der Mann auf dem Sofa sich langsam zu ihnen umdrehte, erkannten sie, dass es sich gar nicht um Gregor Valentin handelte, sondern um einen jungen Mann in Jeans und T-Shirt.

Damit hatten sie nicht gerechnet. „Wer – wer – bist du denn?", war alles, was Michael so schnell einfiel.

Der junge Mann schluckte. „Julian – Julian Valentin."

„Was tust du denn hier? Wo ist Gregor Valentin?", fragte Martha.

„Mein Vater? Der ist nicht hier. Er ist auf Geschäftsreise im Ausland und kommt erst in ein paar Tagen wieder." Julian **musterte**[1] die beiden. „Sind Sie hier, um ihn umzubringen?"

Martha war völlig **entsetzt**[2]. „Nein! Wie **kommst** du denn da **drauf**[3]?"

Julian zeigte wortlos auf die Waffe. Da ließ Michael den Arm sinken und **flüsterte** Martha **zu**[4]: „Hör zu – wir können hier immer noch weg. Wir denken uns einfach etwas anderes aus."

„Ach ja? Was denn? Außerdem ist diese Situation doch prima. Wir haben seinen Sohn! Vielleicht können wir dann sogar eine noch höhere Summe fordern!", flüsterte Martha zurück.

Hier **räusperte**[5] sich Julian auf einmal. „Hört mal. Wenn ihr glaubt, meinen Vater mit meiner **Entführung**[6] einschüchtern zu können, dann habt ihr euch geirrt. Der ist eiskalt. So etwas wie Gefühle kennt der überhaupt nicht. Überhaupt interessiert er sich nur für sich selbst, sein Geld und seine Firmen. *Ich* bin ihm völlig egal. Nehmt mit, was ihr wollt – ich gebe euch sogar den Code für den Tresor, kein Problem. **Damit seid** ihr echt **besser dran**[7], glaubt mir."

1 **jmdn. mustern** – *jmdn. genau ansehen*
2 **entsetzt** – *schockiert*
3 **auf etw. (Akk.) kommen** – *eine bestimmte Idee haben*
4 **jmdm. etw. (Akk.) zuflüstern** – *leise etw. (Akk.) zu jmdm. sagen*
5 **sich räuspern** – *(hier:) leicht husten, um auf sich aufmerksam zu machen*
6 **die Entführung** – *Mitnehmen einer fremden Person, obwohl diese das nicht will, kriminelle Handlung*
7 **mit etw. besser dran sein** – *Vorteile durch etw. haben*

Zweifelnd sahen Michael und Martha ihn an. „Das ist doch kompletter **Schwachsinn**[1]! Das sagst du nur, damit wir dich nicht mitnehmen!"

„Nein, das ist die Wahrheit. Aber wenn ihr mir nicht glaubt..." Julian wollte sich wieder setzen, doch da hob Michael den Arm mit der Waffe.

„Der **verarscht uns**[2] doch nur! Das ist mal sicher", meinte Martha. „Aber diese Chance lassen wir **uns nicht entgehen**[3]. Wir nehmen ihn mit."

Julian lachte und **verschränkte die Arme**[4]. „Wohin soll's denn gehen?"

„Das wirst du schon sehen!", antwortete Michael, nahm ihn am Arm und schob ihn vor sich her aus dem Haus. Ein Stück vom Anwesen entfernt stand der BMW, den sie zuvor gestohlen hatten. Bevor sie einstiegen, nahm Michael eine Flasche **Chloroform**[5] und ein Tuch aus seiner Jackentasche.

Besorgt sah Julian zu. „Was macht ihr da – ich habe doch gesagt, ich komme freiwillig mit."

„Keine Sorge. Wenn du aufwachst, ist alles vorbei."

Mit dem **getränkten**[6] Stofftuch kam Michael auf Julian zu, doch der ließ sich das nicht gefallen. Die Flasche fiel auf den Boden und ging kaputt. Nur mit Mühe schafften sie es, Julian festzuhalten und ihm das Stofftuch über Mund und Nase zu halten.

Ein paar Augenblicke später hoben sie den **bewusstlosen**[7] Julian in den Kofferraum des Autos, **fesselten**[8] ihn zur Sicherheit an Armen und Beinen und klebten ihm schließlich noch ein Stück **Klebeband**[9] über den Mund.

1 **der Schwachsinn** – *Unsinn, Quatsch, Nonsens*
2 **jmdn. verarschen (ugs., sal.)** – *jmdm. bewusst nicht die Wahrheit sagen*
3 **sich (Dat.) etw. (Akk.) nicht entgehen lassen** – *nicht auf etw. (Akk.) verzichten*
4 **die Arme verschränken** – *die Arme vor der Brust überkreuzen*
5 **das Chloroform** – *Betäubungsmittel; Flüssigkeit, die früher als Ersatz für ein Narkosemittel verwendet wurde*
6 **etw. (Akk.) tränken** – *etw. (Akk.) mit einer Flüssigkeit ganz und gar nass machen*
7 **bewusstlos** – *ohne Bewusstsein, nicht wach*
8 **jmdn. fesseln** – *jmdm. die Arme oder Beine so zusammenbinden, dass er sich nicht mehr bewegen kann*
9 **das Klebeband** – *Plastikstreifen von der Rolle, benutzt man z. B. zum Zukleben von Paketen*

Erst wenn sie hinter der Grenze zur Schweiz waren, wollten sie Gregor Valentin anrufen.

Doch nun standen sie mitten in der Nacht auf irgendeinem Parkplatz irgendwo **in der Pampa**[1] und schauten etwas ratlos auf den wackelnden Kofferraum. Und dann kam auch noch ein **gedämpfter**[2] Schrei aus dem Kofferraum.

„Mist! Jetzt schreit er auch noch!"

„Mach den Kofferraum auf und schlag ihn bewusstlos!", schlug Martha vor.

„Waaas? Nein!"

„Wenn du es nicht tust, wird er uns verraten!"

Widerwillig[3] **ballte** Michael die **Hand zur Faust**[4] und öffnete den Kofferraum. Julian lag auf dem Rücken und schaute erschrocken zu seinen beiden Entführern und der geballten Faust hoch. Für einen Moment sah er aus wie ein **wehrloser**[5] Käfer.

Martha drückte Michaels geballte Faust nach unten. „Lass, das bringt nichts", sagte sie müde.

Michael schaute sie **verdutzt**[6] an. „*Du* wolltest doch, dass ich ihm **eins überziehe**[7]."

„Schau ihn dir doch an – er ist doch noch ein halbes Kind!"

„Quatsch – der ist doch mindestens zwanzig."

Der junge Mann im Kofferraum versuchte, etwas zu sagen, das wie ‚neunzehn' klang.

„**Klappe**[8]!", schrie Michael ihn an.

Martha beugte sich zu dem jungen Mann herunter. „Hör zu. Wir wissen, dass du Angst hast und nur noch nach Hause willst, aber das geht gerade nicht. Ich verspreche dir aber, dass dir nichts passiert. Du musst nur noch eine Weile im Kofferraum bleiben. Wir haben es gleich geschafft."

1 **in der Pampa (ugs.)** - *auf dem Land*
2 **gedämpft** - *schwach, undeutlich*
3 **widerwillig** - *gegen seinen Willen, ohne große Lust*
4 **die Hand zur Faust ballen** - *die Hand zu einem kleinen, festen Ball formen*
5 **wehrlos** - *unfähig zu kämpfen*
6 **verdutzt** - *erstaunt, überrascht*
7 **jmdm. eins überziehen (ugs.)** - *jmdn. fest schlagen*
8 **Klappe! (ugs., sal.)** - *Halt den Mund! Sei still!*

Da begann Julian zu **zappeln**[1] und schüttelte **heftig**[2] den Kopf.

„Hör auf!", schrie ihn Martha an. „Oder willst du etwa, dass er dir **eine reinhaut**[3]?"

Da beruhigte sich Julian etwas. Einen Moment lang standen Michael und Martha herum und wussten nicht, was sie als Nächstes tun sollten.

„Ich muss jetzt los und das Benzin holen. Du bleibst hier bei ihm und passt auf, dass er ruhig bleibt", beschloss Michael endlich und gab Martha die Waffe. „Falls ich in zwanzig Minuten noch nicht zurück bin, fährst du alleine bis zum nächsten Rastplatz, verstanden? Bis dahin müsste das Benzin noch reichen."

„Nein, das kann ich nicht!", sagte Martha sofort. Panik lag in ihrer Stimme. „Dann **bleibe** ich bestimmt irgendwo **liegen**[4]. Außerdem ist da ja auch noch diese Waffe. Ich – ich weiß doch gar nicht, wie man damit umgeht."

„Den **Hebel umlegen**[5] und **abdrücken**[6]", erklärte Michael. „Aber ich glaube nicht, dass es dazu kommen wird. Keine Sorge, bald haben wir es geschafft."

Mit einem Kuss auf Marthas Stirn verabschiedete sich Michael von ihr und ging in Richtung Tankstelle.

Als er nicht mehr zu sehen war, drehte sich Martha wieder zu Julian um. Der lag ganz unbeweglich im Kofferraum, hatte nun aber begonnen, **kläglich**[7] zu husten.

„Lass das!", schimpfte sie schwach, doch er hustete weiter und weiter, bis sein Kopf dunkelrot anlief. Offenbar bekam er keine Luft. Schnell riss Martha ihm das Klebeband vom Mund. Er hustete noch einige Male, dann wurde er nach und nach ruhiger.

1 **zappeln** – *sich stark mit dem ganzen Körper bewegen*
2 **heftig** – *stark*
3 **jmdm. eine reinhauen (ugs.)** – *jmdn. schlagen*
4 **liegen bleiben (Auto)** – *nicht mehr weiterfahren können, weil etwas kaputt oder der Tank leer ist*
5 **den Hebel umlegen** – *die Sicherung lösen*
6 **abdrücken** – *schießen; an einem Hebel ziehen, um einen Schuss auszulösen*
7 **kläglich** – *mitleiderregend*

„Danke", sagte er und **setzte sich** etwas **auf**[1]. **Vorsichtshalber**[2] hielt Martha ihm die Waffe vor die Nase.

„Ich hau schon nicht ab", sagte Julian. Er schien gar keine Angst vor der Waffe zu haben.

„Hast du eine **Kippe**[3]?", fragte er weiter. „Ich werde auch nicht schreien und ganz **brav**[4] hier sitzen bleiben, bis dein Freund wiederkommt. Nur habe ich seit Stunden keine mehr geraucht. Also, wie sieht es aus?"

Langsam nahm Martha eine Zigarettenschachtel aus ihrer Jackentasche, zündete eine Zigarette an und ließ Julian daran ziehen.

Immer wieder **vergewisserte** Martha **sich**[5], dass auch niemand in ihre Nähe kam, doch sie waren und blieben allein.

„Du bist echt hübsch. Hübscher als die letzten", sagte Julian nach einer Weile. **Irritiert**[6] sah Martha ihn an. „Kannst du nicht einfach mal leise sein?" Sie dachte einen Moment lang nach und schob mit ihrem Schuh kleine Steinchen hin und her. Dann sah sie wieder hoch und fragte: „Was wolltest du damit sagen? Ich meine, mit ‚den letzten'?"

Julian **grinste**[7]. „Na ja, die anderen sahen alle irgendwie alt und **finster**[8] aus."

Als er merkte, dass Martha immer noch nicht verstanden hatte, musste er lachen.

„Du dachtest doch nicht etwa, ihr wärt die einzigen, die meinen, mit so einer kleinen Entführung ließe sich ein bisschen Geld verdienen, oder?"

„Wie jetzt...", begann Martha, doch Julian ließ sie gar nicht zu Wort kommen.

1 **sich aufsetzen** - *sich aus einer liegenden in eine sitzende Position bringen*
2 **vorsichtshalber** - *aus Vorsicht, zur Sicherheit*
3 **die Kippe (ugs.)** - *Zigarette*
4 **brav** - *lieb, ohne Probleme oder Stress zu machen*
5 **sich vergewissern** - *prüfen, nachsehen*
6 **irritiert** - *durcheinander, verwirrt*
7 **grinsen** - *breit lächeln*
8 **finster** - *böse*

„Okay, lass es mich mal so ausdrücken: Ihr werdet **scheitern**[1]. Fertig. Aus. Ich kann dir sogar ganz genau sagen, wie alles ablaufen wird, wenn es dich interessiert. Also: Ihr bringt mich über die Grenze. Dann ruft ihr meinen Vater an und erklärt ihm, dass er eine bestimmte Summe überweisen soll, wenn er mich je lebend wiedersehen will. Hab' ich recht?"

Martha kamen die Tränen. So, wie Julian das erzählte, hörte sich das ja furchtbar an! „Wie oft ist dir das denn schon passiert?", fragte sie leise.

„Insgesamt dreimal. Aber beim ersten Mal war ich gerade mal fünf oder sechs Jahre alt – daran erinnere ich mich nicht mehr so genau."

„Und da bleibst du so **gelassen**[2]?", wunderte sich Martha.

„Naja, gelassen nicht gerade. Irgendwie ist es ja doch jedes Mal echt unangenehm. Aber Angst habe ich eigentlich nicht. Ich weiß ja sowieso, was danach passiert. Mein Vater wird euch nämlich keinen Cent überweisen, sondern seine Leute auf euch **hetzen**[3]. Bisher haben die mich immer gefunden und die Entführer **kaltgemacht**[4]. Also: falls du keine Lust hast, **frühzeitig**[5] **ins Gras** zu **beißen**[6], rate ich dir, die Waffe wegzuschmeißen und mit deinem Freund **abzuhauen**[7]."

Martha **stockte der Atem**[8]. Panisch schaute sie in Richtung Tankstelle, doch Michael war nicht zu sehen. Sie glaubte Julian. Wenn er das nicht alles schon einmal oder mehrmals erlebt hätte, könnte er doch nicht so ruhig bleiben.

„Bind mich los, lass mich einfach wieder laufen", forderte Julian.

„Und was dann? Du bist Hunderte von Kilometern von zu Hause entfernt."

1 **scheitern** - *keinen Erfolg haben*
2 **gelassen** - *ruhig, cool*
3 **jmdn. auf jmdn. hetzen** - *jmdn. damit beauftragen, jmdn. zu töten*
4 **jmdn. kaltmachen (ugs.)** - *jmdn. töten, umbringen*
5 **frühzeitig** - *früher als erwartet*
6 **ins Gras beißen (ugs., sal.)** - *sterben*
7 **abhauen (ugs., sal.)** - *verschwinden, weggehen*
8 **jmdm. stockt der Atem** - *jmd. bekommt vor Schreck kurz keine Luft*

„Ich komm' schon zurecht. Wenn ihr mir meine Brieftasche gelassen habt, dann nehme ich mir ein Taxi zurück."

Martha überlegte. Ihr war deutlich anzusehen, wie nervös sie war.

„Hey, ihr könnt doch noch ein schönes Leben miteinander führen. Ihr braucht noch nicht zu sterben. Nicht für so jemanden wie meinen Vater", fing Julian wieder an.

Da nahm Martha ein kleines Taschenmesser aus ihrer Jacke und schnitt die dicken Bänder durch, mit denen sie Julian gefesselt hatten. Während Julian aus dem Auto stieg, **hielt** Martha die Waffe die ganze Zeit **auf** ihn **gerichtet**[1]. Die Pistole war kalt und schwer. Marthas Hand zitterte.

Julian hingegen schien erleichtert zu sein. Er **reckte und streckte sich**[2] in aller Ruhe. In dem Moment tauchte Michael auf. Er hatte einen anderen Weg zurückgenommen und stand nun plötzlich neben den beiden.

„Was in aller Welt tust du da?", schrie er Martha an.

„Wir müssen hier weg!", sagte sie mit Tränen in den Augen. „Wir sind nicht die ersten, die so eine Entführung geplant haben."

Michael riss Martha die Waffe aus der Hand und richtete sie auf Julian. Doch der **verdrehte** nur genervt **die Augen**[3].

„Steig sofort wieder in den Kofferraum!", befahl Michael.

„Nein, ich denke gar nicht daran", sagte Julian.

„Nein? Bist du dir sicher?", entgegnete Michael kühl, kam **drohend**[4] auf ihn zu und hielt ihm die Waffe an den Kopf. Da mischte sich Martha ein und stellte sich zwischen Julian und Michael.

Seelenruhig[5] sagte Julian: „Na, dann macht's mal gut, ihr beiden", drehte sich um und **schlenderte**[6] in Richtung Raststätte. Michael richtete die Waffe auf ihn und legte den Hebel um. Seine Hand zitterte, er konnte einfach nicht abdrücken.

1 **etw. (Akk.) auf jmdn. gerichtet halten** – *mit etw. (Dat.) auf jmdn. zeigen*
2 **sich recken und strecken** – *seinen Körper ganz lang machen*
3 **die Augen verdrehen** – *nach oben gucken, als Zeichen, dass einem etw. nicht gefällt*
4 **jmdm. drohen** – *jmdm. Angst machen*
5 **seelenruhig** – *sehr ruhig*
6 **schlendern** – *langsam gehen*

Martha und Michael sahen zu, wie Julian sich immer weiter entfernte, bis er gar nicht mehr zu sehen war. Dann tankten sie den Wagen auf, stiegen ein und fuhren über die Grenze in die Schweiz. Auf der ganzen Autofahrt redeten sie kein Wort miteinander. Sie wussten: Nach dieser Nacht würden sie nie wieder ruhig schlafen können und immer **die Augen offen halten**[1] müssen, ob nicht doch noch jemand hinter ihnen her war.

Julian hingegen, der bald darauf in einem Taxi saß und durch die Nacht zurück nach Konstanz fuhr, konnte es einfach nicht fassen, **mit** dieser Lüge **durchgekommen**[2] zu sein.

Der Bodensee

Der Bodensee grenzt an Deutschland, Österreich und die Schweiz und zählt mit einer Fläche von 536 km² zu den drei größten Seen Mitteleuropas. Die Uferlänge beträgt 273 km und die Wassertiefe bis zu 254 Meter. Die durchschnittliche Tiefe liegt jedoch bei etwa 80 Metern. Der Bodensee ist der wichtigste Wasserlieferant für unzählige Haushalte in Süddeutschland und ist in zwei Seen aufgeteilt: der Obersee und der westliche Untersee sind durch den Fluss Seerhein miteinander verbunden.

Konstanz ist mit circa 80.000 Einwohnern die größte Stadt am Bodensee und befindet sich am Seerhein. Lindau ist eine Inselstadt und liegt am östlichen Ufer des Bodensees. Die historische Altstadt im Zentrum der Insel steht unter Denkmalschutz.

1 **die Augen offen halten (idiom.)** – *aufpassen*
2 **mit etw. (Dat.) durchkommen** – *etw. (Akk.) erreichen, etw. (Akk.) schaffen*

WORTLISTE

Verwendete Abkürzungen

Akk. = *Akkusativ*	jmd. = *jemand*	Pl. = *Plural*
Dat. = *Dativ*	jmdm. = *jemandem*	sal. = *salopp*
etw. = *etwas*	jmdn. = *jemanden*	ugs. = *umgangssprachlich*
idiom. = *idiomatisch*	jmds. = *jemandes*	vulg. = *vulgär*

	abdrücken	*schießen; den Abzug betätigen, um einen Schuss auszulösen*
	abgleichen	*vergleichen, um Gemeinsamkeiten und Unterschiede zu finden*
	abgrundtief	*bodenlos, sehr tief*
jmdn.	**abhängen**	*jmdn. bei einer Jagd oder einem Rennen weit hinter sich lassen*
	abhauen (ugs., sal.)	*verschwinden, weggehen*
jmdn.	**abknallen (ugs.)**	*jmdn. erschießen*
	ablegen (von Schiffen)	*losfahren*
	abschalten	*sich entspannen, an etwas anderes denken*
	abseits	*entfernt*
der/die	**Absolvent, -en/ Absolventin, -nen**	*jmd., der eine Schule oder Ähnliches erfolgreich abgeschlossen hat*
jmdn.	**abstechen**	*jmdn. mit einem Messer töten*
	abtauchen (sal.)	*(hier:) sich verstecken*
	abwesend	*unaufmerksam, gedankenlos*
jmdn.	**abwimmeln**	*jmdm. deutlich machen, dass man nicht mehr mit ihm sprechen will*
der	**Abzug, -züge**	*kleiner Hebel an Waffen zum Auslösen eines Schusses*
	ächzen	*einen kurzen Schmerzenslaut von sich geben; stöhnend, unter Schmerzen sagen*
die	**Affäre, -n**	*(hier:) sexuelle Beziehung*
	albern	*dumm, lächerlich*
der	**Albtraum, -träume**	*schrecklicher Traum*
die	**Allee, -n**	*Straße, neben der rechts und links eine Reihe von Bäumen steht*
	alles daran setzen, etw. zu tun (idiom.)	*alles versuchen, um etw. zu schaffen*
die	**ALS-Krankheit**	*Amyotrophe Lateralsklerose - Nervenkrankheit, die die Muskulatur schwächer werden lässt*
	am helllichten Tag	*mitten am Tag*
	an Bord gehen	*in ein Schiff steigen*
jmdn.	**an den Rand der Verzweiflung bringen (idiom.)**	*jmdn. extrem nerven, jmdn. wahnsinnig machen*
	an etw. (Dat.) herumzupfen	*kurz und vorsichtig an etw. (Dat.) ziehen*
	an etw. (Dat.) rütteln	*mit den Händen an etw. (Dat.) wackeln, um es zu lösen*
jmdn.	**anfahren**	*(hier:) mit jmdm. schimpfen*
jmdn.	**anfassen**	*jmdn. mit den Händen berühren*

jmdn.	**anflehen**	*jmdn. sehr bitten*
	angeblich	*wie von jmdm. behauptet wurde*
	angehend	*(hier:) im Studium*
	angewidert	*voller Ekel*
jmdn.	**angreifen**	*sich auf jmdn. stürzen, jmdn. attackieren*
der/die	**Angreifer, -/Angreiferin, -nen**	*Person, die einen Kampf beginnt*
etw. (Akk.)	**anhäufen**	*große Mengen von etw. (Dat.) sammeln*
jmdn.	**anheuern**	*jmdn. für eine Arbeit anwerben*
jmdn.	**anrempeln**	*mit dem eigenen Körper gegen den Körper einer anderen Person stoßen*
die	**Anspannung**	*Stress, Druck*
jmdn.	**anstarren**	*jmdn. unbeweglich ansehen*
	ansteckend (Infektionskrankheiten)	*übertragbar*
jmdm. etw.	**(Akk.) antun**	*jmdn. (seelisch) verletzen*
sich jmdm.	**anvertrauen**	*sich jmdm. mitteilen, jmdm. etw. (Akk.) gestehen*
die	**Anweisung, -en**	*Befehl, Auftrag*
das	**Anwesen, -**	*großes Stück Land mit einem Zaun oder einer Mauer darum herum und einem teuren Haus darauf*
	anziehen	*(hier:) befestigen, hochziehen*
etw. (Akk.)	**anzünden**	*ein brennendes Streichholz oder Feuerzeug an etw. (Akk.) halten, damit es brennt*
	arglos	*sorglos, ohne etwas Böses zu vermuten*
das	**Armaturenbrett, -er**	*Anzeigetafel hinter dem Lenkrad*
die	**Arme verschränken**	*die Arme vor der Brust überkreuzen*
jmdn.	**auf dem Gewissen haben (idiom.)**	*dafür verantwortlich sein, dass jmd. gestorben ist*
	auf dem Spiel stehen (idiom.)	*in Gefahr sein*
jmdm.	**auf die Schliche kommen (idiom.)**	*jmdn. entdecken und durchschauen*
	auf einer Wellenlänge sein (idiom.)	*sich gut verstehen*
	auf etw. (Akk.) einschlagen	*immer wieder und mit Kraft gegen etw. (Akk.) schlagen*
	auf etw. (Akk.) hindeuten	*einen Hinweis auf etw. (Akk.) geben*
	auf etw. (Akk.) kommen	*eine bestimmte Idee haben*
sich	**auf etw. gefasst machen**	*etw. Unangenehmes erwarten*
	auf freiem Fuß (idiom.)	*in Freiheit, nicht im Gefängnis*
jmdn.	**auf frischer Tat ertappen (idiom.)**	*mit eigenen Augen sehen, wie jmd. etw. Verbotenes tut*
	auf jmdn. einreden	*so viel reden, dass der andere nichts mehr sagen kann*
etw. (Akk.)	**auf jmdn. gerichtet halten**	*mit etw. (Dat.) auf jmdn. zeigen*
jmdn.	**auf jmdn. hetzen**	*jmdn. damit beauftragen, jmdn. zu töten*
	auf jmdn. losgehen	*jmdn. attackieren*
etw. (Akk.)	**auf jmdn. richten**	*mit etw. (Dat.) auf jmdn. zeigen*
	auf jmdn. zielen	*mit einer schussbereiten Waffe auf jmdn. zeigen*
etw. (Akk.)	**auf sich beruhen lassen**	*sich nicht weiter um etw. (Akk.) kümmern*
	aufatmen	*(erleichtert) Luft ausstoßen*
	aufdringlich	*zu direkt, zu neugierig*
	auffällig	*so groß/bunt, dass man es sofort sieht*
	aufflammen	*stärker werden*
	aufgebracht	*wütend*
jmdn.	**aufheitern**	*jmdn. fröhlich machen, die Sorgen vergessen lassen*
jmdm.	**aufhelfen**	*jmdm. beim Aufstehen helfen*
sich	**auflösen**	*verschwinden, weggehen*
	Aufmerksamkeit auf sich ziehen	*sich so verhalten, dass die anderen einen beachten*
sich	**aufrichten**	*sich gerade hinsetzen oder hinstellen*
etw. (Akk.)	**aufs Spiel setzen (idiom.)**	*etw. (Akk.) riskieren*
	aufschreien	*kurz und plötzlich schreien*

sich	**aufsetzen**	*sich aus einer liegenden in eine sitzende Position bringen*
	aufsteigen (Gefühle)	*kommen, anfangen*
	aufweisen	*zeigen*
die	**Augenbraue, -n**	*Haare über den Augen*
das	**Augenlid, -er**	*Teil des Auges (Haut), das sich schließen lässt*
die	**Augen offen halten (idiom.)**	*aufpassen*
die	**Augen verdrehen**	*nach oben gucken, als Zeichen, dass einem etw. nicht gefällt*
jmdm.	**aus dem Weg gehen (idiom.)**	*etw. (Dat.) nicht begegnen wollen*
jmdn.	**aus dem Weg räumen (idiom.)**	*jmdn. töten*
jmdn.	**aus seinen Gedanken reißen (idiom.)**	*jmds. Gedanken unterbrechen*
etw.	**auseinandernehmen**	*etw. in seine Einzelteile zerlegen*
jmdn.	**ausfindig machen**	*jmdn. mit einiger Mühe finden*
jmdn.	**ausschalten**	*(hier:) jmdn. töten*
sich	**ausweinen (bei schweren Sorgen)**	*so lange weinen, bis man sich besser fühlt*
die	**Bahre, -n**	*(hier:) tragbare Liege zum Transport von Toten*
	barsch	*unfreundlich, sehr direkt*
die	**Baumkrone, -n**	*oberer Teil eines Baums*
die	**Bedrohung, -en**	*Gefahr*
die	**Begebenheit, -en**	*Ereignis*
jmdm.	**behagen**	*jmdm. gefallen, angenehm sein*
	beharren	*wiederholen*
	beharrlich	*entschlossen*
sich	**beherrschen**	*seine Gefühle und Handlungen kontrollieren*
der	**Beifahrersitz, -e**	*Sitz neben dem Fahrersitz*
	belehrend	*arrogant, besserwisserisch*
der	**Beliebtheitswettbewerb, -e**	*Wettbewerb, bei dem es darum geht, wen andere besonders gern/am liebsten mögen*
	benommen	*müde, nicht ganz klar im Kopf*
	berauscht	*(hier:) sehr glücklich*
	berücksichtigen	*bedenken, in seine Überlegungen einbeziehen*
das	**Beruhigungsmittel, -**	*Medikament, das die Nerven beruhigt und jmdn. müde macht*
jmdn.	**beschimpfen**	*jmdn. mit Schimpfwörtern beleidigen*
	beschwichtigend	*beruhigend*
	besessen	*(hier:) wild*
	besonnen	*vernünftig*
das	**Betäubungsgewehr, -e**	*Waffe, mit der Narkosemittel verschossen werden*
die	**Betäubungsspritze, -n**	*Spritze mit einer Flüssigkeit, die jmdn. sehr müde/schläfrig macht*
jmdn./etw.	**betrachten**	*jmdn./etw. lange und gründlich anschauen*
die	**Beute**	*(hier:) Geld*
jmdm.	**bevorstehen**	*auf jmdn. zukommen, für jmdn. zu erwarten sein*
	bewusstlos	*ohne Bewusstsein, nicht wach*
jmdn.	**bezeichnen als (+ Adj.)**	*passende Adjektive für jmdn. finden*
	bezweifeln	*zweifeln an, nicht glauben*
	bleiern	*sehr schwer, schwer wie Blei*
jmdn.	**blenden**	*so hell sein, dass man die Augen schließen muss*
	bluffen	*so tun, als ob man etw. weiß oder kann*
	brav	*lieb, ohne Probleme oder Stress zu machen*
	brüllen	*laut rufen, schreien*
der	**Brustkorb, -körbe**	*oberer Teil des Körpers*
sich	**bücken**	*den Oberkörper nach unten biegen*
der	**Bulle, -n (ugs., sal.)**	*Polizist*
der	**Bunker, -**	*Betonraum ohne Fenster, der während des Krieges zum Schutz vor Bombenangriffen genutzt wurde*

das	**Chloroform**	*Betäubungsmittel; Flüssigkeit, die früher als Ersatz für ein Narkosemittel verwendet wurde*
	dahinterkommen (ugs., bei Geheimnissen)	*eine Sache herausfinden/verstehen*
jmdm.	**dämmert es (ugs.)**	*jmd. versteht langsam*
	das Blatt wendet sich (idiom.)	*die Lage ändert sich vollkommen*
	Das geschieht dir (ganz) recht! (ugs.)	*Das ist nur die gerechte Strafe für dein Verhalten!*
	das Gesicht verziehen	*eine Grimasse schneiden*
	Das hast du davon! (ugs.)	*Das ist nur die gerechte Strafe für dein Verhalten!*
	Das ist der Hammer! (ugs.)	*Das ist ja unglaublich/fantastisch!*
	Das ist Fluch und Segen zugleich.	*Das ist sowohl gut als auch schlecht.*
	das Licht der Welt erblicken (idiom.)	*geboren werden*
	das Schloss knacken	*einbrechen, das Türschloss ohne Schlüssel aufmachen*
das	**Deck, -s**	*flache Oberseite eines Schiffes*
die	**Demenz, -en**	*Krankheit im Gehirn, Verlust der geistigen Funktionen wie z.B. Denken, Erinnern, Orientierung*
die	**Demonstration, -en**	*Zusammenkommen vieler Menschen auf einer Straße oder einem Platz, um mit Plakaten gegen etw. zu protestieren*
	Der wird schon wieder. (ugs.)	*Er erholt sich schon wieder.*
	dergleichen	*in der (angegebenen) Art*
	desinteressiert	*nicht interessiert, gelangweilt*
	dicht	*dick, so dass man nicht hindurchsehen kann*
	drängen	*fordern, verlangen*
	Dreck am Stecken haben (ugs., idiom.)	*etw. Kriminelles getan haben*
jmdm.	**drohen**	*jmdm. Angst machen*
	drohend	*aggressiv*
	Du hast sie wohl nicht mehr alle! (ugs.)	*Du bist wohl verrückt geworden!*
jmdm.	**durch den Kopf schießen**	*jmdm. plötzlich auffallen, jmdm. einfallen*
etw. (Akk.)	**durchziehen (ugs.)**	*etw. (Akk.) zu Ende bringen*
jmdn.	**durchzucken**	*jmdm. plötzlich klar werden*
	düster	*sehr dunkel, schwarz, (hier:) pessimistisch, hoffnungslos*
	effizient	*mit wenig Mühe*
	ehrgeizig	*voll großer Pläne; bemüht, beste Ergebnisse zu erzielen*
das	**Eigenheim, -e**	*Wohnhaus, das dem Bewohner selbst gehört*
jmdm.	**ein Ultimatum setzen**	*jmdn. auffordern, etw. bis zu einem bestimmten Zeitpunkt zu tun*
	ein Zeichen setzen (idiom.)	*etwas Gutes tun, um andere zu ähnlichen Aktionen aufzufordern*
das	**Eindringen**	*Betreten ohne Erlaubnis*
	eindringlich	*sehr fest, um jmdn. von etw. zu überzeugen*
sich (Dat.)	**eine Meinung bilden**	*sich klarmachen, was man denkt und möchte*
jmdm.	**eine reinhauen (ugs.)**	*jmdn. schlagen*
	einem guten Zweck dienen	*für ein gutes Ziel gemacht werden*
	einen klaren Gedanken fassen (idiom.)	*vernünftig nachdenken, einen klaren Plan machen*
	einen klaren/kühlen Kopf behalten (idiom.)	*vernünftig nachdenken und handeln*
sich (Dat.)	**einen Oberschenkelhalsbruch zuziehen**	*sich (Dat.) das Bein am oberen Ende brechen*
etw. (Akk.)	**einengen**	*etw. (Akk.) kleiner machen, begrenzen*

	einer Arbeit nachgehen	*mit einer regelmäßigen Arbeit sein Geld verdienen*
	einnicken	*einschlafen*
	einpennen (ugs.)	*einschlafen*
jmdm.	**eins überziehen (ugs.)**	*jmdn. fest schlagen*
jmdn.	**einschätzen**	*sich eine Meinung über jmdn. bilden*
sich (Dat.)	**etw. (Akk.) einschenken**	*sich (Dat.) etw. (Akk.) einschütten*
jmdn.	**einschüchtern**	*jmdm. Angst machen*
	einstellen	*(hier:) aufhören, beenden*
	eintreffen	*ankommen*
der	**Einwegspiegel, -**	*Scheibe, durch die man nur von einer Seite aus hindurchsehen kann*
	einwilligen	*einverstanden sein*
	einzig und allein	*nur*
der	**Ellbogen, -**	*spitzer Knochen in der Mitte des Arms*
jmdn.	**entführen**	*eine fremde Person gegen ihren Willen mitnehmen*
die	**Entführung, -en**	*Mitnehmen einer fremden Person, obwohl diese das nicht will, kriminelle Handlung*
	entgegnen	*antworten*
	entgeistert	*sehr erschreckt, geschockt*
	entsetzt	*schockiert*
	erledigt sein (ugs.)	*am Ende sein, gleich festgenommen werden*
jmdn.	**ermahnen**	*jmdn. daran erinnern, wie er sich zu verhalten hat*
	ermattet	*kraftlos, sehr müde*
die	**Ermittlungen (Pl.)**	*polizeiliche Untersuchungen*
	erschöpft	*kraftlos, sehr müde*
	erwidern	*antworten*
jmdn.	**erwischen**	*jmdn. fassen, jmdn. fangen*
jmdn.	**erwürgen**	*jmds. Hals mit beiden Händen umfassen und so lange zudrücken, bis er stirbt*
	es auf jmdn. abgesehen haben	*jmdn. angreifen, verletzen oder bestrafen wollen*
	es schaudert jmdn.	*jmd. schüttelt sich, weil er etwas schrecklich findet*
	etliche	*einige*
	etwas an etw. (Dat.) auszusetzen haben (idiom.)	*Gründe finden, etw. (Akk.) zu kritisieren*
	etwas rausholen (ugs.)	*(Zeit) gewinnen*
die	**Fahndung, -en**	*polizeiliche Suche*
jmdm.	**fällt ein Stein vom Herzen (idiom.)**	*jmd. ist sehr erleichtert*
sich	**fassen**	*wieder Kontrolle über seine Gefühle und Handlungen bekommen*
	fassungslos	*sehr entsetzt über das, was passiert ist*
das	**Fernrohr, -e**	*zylindrisches, optisches Gerät, mit dem man in die Ferne sehen und Objekte vergrößern kann*
jmdn.	**fesseln**	*jmdm. die Arme oder Beine so zusammenbinden, dass er sich nicht mehr bewegen kann*
jmdn.	**feuern (ugs.)**	*jmdn. entlassen*
die	**Filiale, -n**	*einzelnes Geschäft eines Unternehmens*
der	**Filmriss, -e (ugs.)**	*Gedächtnislücke, Loch in der Erinnerung*
der	**Fingerabdruck, -abdrücke**	*Spur, die die Finger hinterlassen*
	finster	*böse*
	flackern (von Feuer/Licht)	*stärker und schwächer werden, an- und ausgehen*
	flehen	*von ganzem Herzen bitten*
	fluchen	*schimpfen, unhöfliche Wörter benutzen*
den	**Fluchtweg versperren**	*sich so hinstellen, dass man nicht mehr vorbeikommt, um zu flüchten*
	flussabwärts	*in Fließrichtung des Wassers*
	flüstern	*leise sprechen*
	forschen	*(hier:) sachlich nachfragen*

die	**Freilassung, -en**	*Entlassung aus der Gefangenschaft*
	frühzeitig	*früher als erwartet*
	gebeugt	*mit dem Kopf/Oberkörper nach unten*
	gebrechlich	*schwach*
	gedämpft	*schwach, undeutlich*
	gedankenverloren	*unkonzentriert, mit den Gedanken bei ganz anderen Dingen*
	gedankenversunken	*sehr nachdenklich*
die	**Gefangenschaft, -en**	*Zeit, die jemand gegen seinen Willen in einem geschlossenen Raum verbringen muss*
das	**Gefrierfach, -fächer**	*ein Fach im Kühlschrank, in dem man Lebensmittel bei unter 0°C aufbewahren kann*
	gehorchen	*tun, was jmd. sagt*
die	**Geisel, -n**	*Person, die gefangen genommen/festgehalten wird*
	gelassen	*ruhig, cool*
der/die	**Geliebte -n**	*Person, mit der jmd. neben seiner Partnerschaft eine Liebesbeziehung hat*
	geliefert sein (ugs.)	*am Ende sein, gleich geschnappt werden*
	Geschieht dir recht! (ugs.)	*Das ist nur die gerechte Strafe für dein Verhalten!*
das	**Geständnis, -se**	*Zugeben einer Tat, eines Verbrechens*
	gewaltsam	*grob, unvorsichtig, unsanft*
	gewalttätig	*brutal, aggressiv*
das	**Gewehr, -e**	*lange Schusswaffe*
	gierig	*(hier:) mit großer Lust/Freude*
	gleichgültig	*egal, unwichtig*
das	**Grauen**	*furchtbare Taten, Horror*
	grinsen	*breit lächeln*
das	**Grinsen**	*breites Lächeln*
jmdm.	**gut zureden**	*jmdn. mit freundlichen Worten zu überreden versuchen*
die	**Haarsträhne, -n**	*ein paar dicht beieinander liegende oder hängende Haare*
	Halt die Klappe! (ugs., sal.)	*Halt den Mund! Sei still!*
	hämisch	*böse, voller Freude über den Schaden einer anderen Person*
die	**Hand zur Faust ballen**	*die Hand zu einem kleinen, festen Ball formen*
die	**Hände ballen**	*die Hände fest schließen, die Hände zu einer Faust machen*
der	**Handlanger, -**	*jmd., der bei der Ausführung krimineller Taten hilft*
die	**Handschellen (Pl.)**	*zwei Ringe aus Eisen, die mit einer Kette miteinander verbunden sind (für die Hände von Gefangenen)*
	harsch	*grob, unfreundlich*
	hasserfüllt	*voller Hass*
den	**Hebel umlegen**	*die Sicherung lösen*
	heftig	*stark*
	heiser (Stimme)	*rau und tief*
	hemmungslos	*ungebremst, ohne Zurückhaltung*
	heraufziehen (Nebel)	*aus einem Tal nach oben steigen*
	herumnörgeln	*meckern, schimpfen*
sich	**herunterbeugen**	*seinen Oberkörper nach unten biegen*
	heruntergekommen	*alt und kaputt*
	heulen	*laut und heftig weinen*
die	**Hilfsorganisation, -en**	*Organisation, die Menschen und Tieren hilft*
	hin- und herrutschen	*immer wieder eine neue Sitzposition suchen*
jmdn.	**hin- und herwiegen**	*jmdn. sanft wie ein Baby in den Armen schaukeln*
	hinter jmdm. her sein (ugs.)	*jmdn. verfolgen*
sich	**hinunterbeugen**	*seinen Oberkörper nach unten biegen*
	horchen	*aufmerksam zuhören*

	humpeln	*ungleichmäßig laufen, wenn man mit einem Fuß nicht auftreten kann*
das	**Ideal, -e**	*Vorstellung von einer guten und gerechten Ordnung*
	im Hintergrund	*weniger wichtig/deutlich, aber doch da*
etw. (Akk.)	**im Zaum halten (idiom.)**	*etw. (Akk.) kontrollieren*
	immerhin	*wenigstens, zumindest*
	in aller Welt	*bloß, um Himmels Willen, mein Gott*
	in der Ecke (ugs.)	*in der Gegend*
	in der Pampa (ugs.)	*auf dem Land*
	in einem Zug	*auf einmal, ohne Pause*
	in etw. (Akk.) eindringen	*etw. (Akk.) ohne Erlaubnis und mit Gewalt betreten*
etw. (Akk.)	**in etw. (Akk.) hüllen**	*etw. in etw. (Akk.) einpacken (hier bildlich)*
etw. (Akk.)	**in etw. (Akk.) stopfen**	*etw. (Akk.) schnell und unordentlich in etw. (Akk.) stecken*
etw. (Akk.)	**in etw.(Akk.) rammen**	*etw. (Akk.) mit viel Kraft in etw.(Akk.) stoßen/ schlagen/stechen*
jmdn.	**in Schach halten**	*jmdn. unter Kontrolle haben*
	in Schweiß gebadet sein (idiom.)	*vor Angst schwitzen*
	in sich zusammensacken	*keine Kraft mehr haben und daher wieder unbeweglich liegen oder sitzen*
	in unmittelbarer Reichweite	*ganz nah*
	in vollem Gange sein (idiom.)	*mittendrin sein, in der wichtigsten Phase sein*
	in voller Montur	*(hier:) in vollständiger Schutzkleidung*
	innig	*eng verbunden, sehr liebevoll*
	ins Gras beißen (ugs., sal.)	*sterben*
	ins Schwarze treffen (idiom.)	*richtigliegen, das Richtige erkennen*
sich	**ins System hacken**	*illegal auf Computerprogramme zugreifen*
	irre	*wahnsinnig*
	irritiert	*durcheinander, verwirrt*
jmdm.	**ist nicht zum Lachen zumute**	*jmd. findet etwas nicht lustig*
die	**Jagd, -en**	*Ausflug mit dem Ziel, Tiere zu schießen*
	jammern	*in weinerlichem Ton reden*
	japsen	*atemlos sagen*
	jegliche	*jede auch noch so kleine*
jmdn.	**kaltmachen (ugs.)**	*jmdn. töten, umbringen*
der	**Kanister, -**	*Behälter aus dickem Plastik mit mindestens 5l, in den man Benzin füllen kann*
	kapieren (ugs.)	*verstehen*
die	**Kehle, -n**	*vorderer Teil vom Hals*
	keifen	*mit hoher Stimme schimpfen*
	keine Anstalten machen (zu) (idiom.)	*unwillig sein, etw. nicht tun wollen*
	kichern	*leise lachen*
die	**Kippe, -n (ugs.)**	*Zigarette*
der	**Kittel, -**	*Art Mantel, meist aus weißem Stoff, den z. B. Chemiker oder Ärzte tragen*
das	**Klackern**	*Geräusch, das entsteht, wenn man auf einer Tastatur schreibt*
	kläglich	*mitleiderregend*
	Klappe! (ugs., sal.)	*Halt den Mund! Sei still!*
die	**Klappe halten (ugs.)**	*den Mund halten, nichts sagen*
der	**Klappstuhl, -stühle**	*Stuhl, den man ganz klein zusammenlegen kann*
	klar auf der Hand liegen (idiom.)	*offensichtlich sein*
das	**Klebeband, -bänder**	*Plastikstreifen von der Rolle, benutzt man z. B. zum Zukleben von Paketen*
jmdn.	**kleinkriegen**	*solange mit jmdm. reden, bis er tut, was man will*
der/die	**Kleinkriminelle, -n**	*Person, die nur kleinere Verbrechen begeht*
die	**Klinge, -n**	*scharfe Seite eines Messers*

das	**Klirren**	*Geräusch, das Gegenstände aus Porzellan machen, wenn sie kaputtgehen*
sich	**knien**	*sich auf die Knie ‚setzen'*
der	**Knöchel, -**	*(hier:) Knochen am Fußgelenk*
	knurren	*(hier:) unfreundlich sagen*
die	**Kohle (ugs.)**	*Geld*
der	**Kolben, -**	*Glas mit schmalem Hals und dickem Bauch, das in der Chemie zum Mischen benutzt wird*
der/die	**Komplize, -n/Komplizin, -nen**	*Person, die mit jmdm. gemeinsame Sache macht*
	korrupt	*käuflich; bereit, für Geld Gesetze zu brechen*
	kramen	*in einer kleinen, vollen Box oder Tasche nach etw. (Dat.) suchen*
	krankgemeldet	*krank und der Arbeitgeber weiß davon*
die	**kugelsichere Weste**	*Weste, die vor Schüssen schützt*
der	**Kurze, -n**	*starker Alkohol, der in kleinen Gläsern serviert wird*
	lächerlich	*unwichtig*
die	**Landebrücke, -n**	*Brücke zwischen Ufer und Schiff*
die	**Last, -en**	*(hier:) Belastung*
	lauschen	*aufmerksam oder heimlich zuhören*
sich	**legen (starke Gefühle)**	*vorbeigehen*
die	**Leiche, -n**	*toter Körper*
der	**Leichensack, -säcke**	*große Plastiktüte zum Transport von Toten*
der	**Leichenwagen, -**	*Auto, in dem Tote transportiert werden*
	liegen bleiben (Auto)	*nicht mehr weiterfahren können, weil etwas kaputt oder der Tank leer ist*
	locker (ugs.)	*ohne Probleme*
	losbrüllen	*plötzlich laut schreien*
das	**Lösegeld, -er**	*Geld, das bezahlt wird, um Gefangene „freizukaufen"*
sich	**losreißen**	*sich mit Gewalt befreien*
jmdn.	**loswerden**	*jmdn. wegschicken*
jmdm.	**Luft zufächeln**	*ein Stück Papier so vor jmdm. bewegen, dass ein kleiner Wind entsteht*
die	**Magengrube, -n**	*Bauch*
jmdn.	**mahnen**	*jmdn. warnen*
die	**Manieren (Pl.)**	*höfliches Verhalten*
	Mann über Bord!	*Ausruf, wenn ein Mensch von einem Schiff ins Wasser gefallen ist*
	maskiert	*mit verdecktem Gesicht*
das	**Megafon, -e**	*mobiler Lautsprecher mit Griff*
	missmutig	*schlecht gelaunt, verärgert*
	mit den Beinen strampeln	*die Beine schnell bewegen (wie ein Baby)*
	mit den Schultern zucken	*die Schultern kurz nach oben ziehen, Zeichen von Unwissen oder Resignation*
	mit der Zunge schnalzen	*ein Klickgeräusch mit der Zunge machen*
	mit einem Schlag	*plötzlich*
sich	**mit etw. (Dat.) abfinden**	*etw. (Akk.) akzeptieren*
sich	**mit etw. (Dat.) auseinandersetzen**	*sich mit etw. (Dat.) gedanklich beschäftigen*
	mit etw. (Dat.) ausgestattet sein	*etw. (Akk.) haben*
	mit etw. (Dat.) durchkommen	*etw. (Akk.) erreichen, etw. (Akk.) schaffen*
etw. (Akk.)	**mit etw. (Dat.) vollstopfen**	*etw. (Akk.) ganz dicht/eng füllen*
	mit etw. besser dran sein	*Vorteile durch etw. haben*
jmdm.	**mit halbem Ohr zuhören (idiom.)**	*jmdm. nicht richtig zuhören*
	mit jmdm. Schluss machen	*jmdn. verlassen, eine Beziehung beenden*
	mit jmdm. unter einer Decke stecken (idiom.)	*mit jmdm. gemeinsame Sache machen, ohne dass andere davon wissen*

jmdn.	**mit (seinen) Blicken durchbohren (idiom.)**	*jmdn. fixieren*
	mit unverminderter Geschwindigkeit	*genauso schnell wie vorher*
	Mit wem habe ich das Vergnügen?	*Wie heißen Sie, Wer sind Sie?*
	mitsummen	*mit geschlossenen Lippen eine Melodie erzeugen (,die man gerade hört)*
der	**Mittelsmann, -männer**	*jmd., der zwischen Personen vermittelt oder etw. überbringt*
	murmeln	*leise und undeutlich sagen*
jmdn.	**mustern**	*jmdn. genau anschauen*
	nach jmdm. fahnden	*jmdn. polizeilich suchen*
	nach langem Hin und Her	*nach langen Überlegungen und verschiedenen Plänen*
	nach Luft schnappen	*schnell Luft holen, weil man vorher zu wenig davon hatte*
	nachhaken	*nachfragen*
	nachhallen	*noch (in der Erinnerung) zu hören sein*
der	**Nacken, -**	*hinterer Teil des Halses*
	nagen	*mit den Zähnen ein kleines Stückchen abbeißen, (hier:) langsam zerstören*
das	**Nagetier, -e**	*Tier mit scharfen und langen Vorderzähnen, z.B. Maus, Hase oder Ratte*
die	**Narbe, -n**	*Zeichen auf der Haut, das bleibt, wenn man sich schwer verletzt hat oder operiert wurde*
die	**Nervosität**	*aufgeregter Zustand*
	nicht die/der Hellste sein (ugs.)	*dumm sein*
sich (Dat.)	**etw. (Akk.) nicht entgehen lassen**	*nicht auf etw. (Akk.) verzichten*
	nicht im Geringsten	*überhaupt nicht*
sich	**nicht mehr einkriegen können (ugs.)**	*sich nicht beruhigen können*
	nichts ahnend	*nicht wissend, was gerade passiert*
jmdn.	**nichts angehen**	*uninteressant/unwichtig für jmdn. sein*
sich (Dat.)	**nichts anmerken lassen**	*seine Gefühle und Gedanken nicht zeigen*
jmdn.	**niederstrecken**	*jmdn. erschießen*
	nüchtern	*sachlich, kühl*
sich	**nützlich machen**	*behilflich sein, helfen*
der/die	**Obdachlose, -n**	*Person, die keine Wohnung hat und deswegen auf der Straße lebt*
die	**Obduktion, -en**	*Untersuchung einer Leiche*
der	**Oberschenkel, -**	*oberer Teil des Beins*
jmdn.	**observieren**	*jmdn. polizeilich beobachten*
	ohne mit der Wimper zu zucken (idiom.)	*ohne ein schlechtes Gewissen zu haben*
	ohnmächtig	*ohne Bewusstsein, nicht wach*
	ohnmächtig werden	*das Bewusstsein verlieren*
das	**Platschen**	*Geräusch, wenn etw. ins Wasser fällt*
der	**Plattenspieler, -**	*elektrisches Gerät zum Abspielen von Schallplatten*
etw.	**platzt aus jmdm. heraus**	*jmd. sagt etw. (Akk.) plötzlich und ohne Einleitung*
die	**Platzwunde, -n**	*Wunde, die stark blutet und meist genäht werden muss*
die	**Porzellanscherbe, -n**	*kleines Stück eines kaputten Porzellangegenstands*
	pragmatisch	*sachbezogen, sachlich*
	prüfend	*skeptisch, kritisch, vorsichtig*
sich	**quälen**	*leiden*

	quietschen	*lautes Geräusch, das ein Auto macht, wenn man plötzlich stark bremst*
	rascheln	*Geräusch, wenn sich Blätter an Ästen bewegen*
	rasen	*(hier:) sehr schnell fahren*
die	**Rasiercreme, -s**	*Creme zum Rasieren mit Rasierklinge und Wasser*
das	**Rasiermesser, -**	*Messer zum Rasieren ohne Strom*
die	**Raststätte, -n**	*Gasthaus mit Tankstelle an Autobahnen*
	rau	*nicht glatt*
der	**Rausch, Räusche**	*Zustand, in dem man keine Kontrolle mehr über sich hat*
sich	**räuspern**	*leicht husten, damit die Stimme wieder klar wird oder um auf sich aufmerksam zu machen*
jmdn.	**rausschmeißen (ugs.)**	*jmdn. dazu bringen, dass er das Haus/ die Wohnung verlässt*
das	**Reagenzglas, -gläser**	*dünnes, langes Glas, das in der Chemie benutzt wird*
sich	**rechtfertigen**	*Gründe nennen, warum das eigene Handeln richtig ist*
sich	**recken und strecken**	*seinen Körper ganz lang machen*
	regelrecht	*wirklich, richtig*
	regungslos	*ohne sich zu bewegen oder auch nur das kleinste Gefühl zu zeigen*
das	**Reh, -e**	*rotbraunes Tier, das in großen Gruppen im Wald lebt*
jmdm. etw.	**(Akk.) reichen**	*jmdm. etw. (Akk.) geben*
der	**Reif**	*dünne Eisschicht*
der	**Reißverschluss, -verschlüsse**	*zweireihige Konstruktion aus kleinen Metall- oder Plastikzähnen zum Schließen eines Kleidungsstücks*
die	**Reling, -s**	*Geländer an Deck eines Schiffes*
der	**Rettungsring, -e**	*rot-weißer Ring, mit dem sich Nichtschwimmer über Wasser halten können*
die	**Reue**	*Gefühl, dass jmdm. etw. leidtut*
	rinnen	*langsam fließen*
	röcheln	*(hier:) mühsam sprechen, weil man keine Luft mehr bekommt*
der	**Rollator, -en**	*Gehwagen mit Rollen, fahrbare Gehhilfe*
	rostfarben	*rotbraun wie Eisen, das zu lange im Wasser gelegen hat*
	rücken	*die Position verändern*
	rücklings	*rückwärts, nach hinten*
	rudern	*(hier:) große, kreisförmige Bewegungen machen*
jmdn.	**ruhigstellen**	*jmdn. mit Hilfe von Medikamenten ruhig machen*
der	**Rüstungskonzern, -e**	*Firma, die Waffen für militärische Zwecke herstellt*
	rütteln	*heftig hin- und herbewegen*
	sanft	*lieb, freundlich, nett*
die	**Schallplatte, -n**	*schwarze, runde Kunststoffscheibe mit Musik, Vorgänger der CD*
jmdn.	**scharf ansehen**	*jmdn. streng anschauen*
	scheitern	*keinen Erfolg haben*
die	**Schlagzeile, -n**	*besonders auffällige Überschrift in Zeitungen u. Zeitschriften*
der	**Schlauch, Schläuche**	*(hier:) Kanal aus Gummi, durch den Medikamente in den Körper gepumpt werden*
	schleichen	*leise und langsam gehen*
	schlendern	*langsam gehen*
jmdn.	**schleppen (ugs.)**	*jmdn. gegen seinen Willen mitnehmen*
jmdn.	**schleudern**	*jmdn. mit viel Kraft durch die Luft werfen*
	schlicht	*einfach*
das	**Schließfach, -fächer**	*(hier:) verschließbares Fach, in dem man in Banken Wertsachen aufbewahren kann*

	schluchzen	*laut weinen; unter Tränen sagen*
	Schluss sein (von Beziehungen/Freundschaften)	*zu Ende sein*
	schmächtig	*dünn und schwach*
jmdn.	**schnappen (ugs.)**	*jmdn. fassen, gefangen nehmen*
das	**Schnapsglas, -gläser**	*kleines Glas für starken Alkohol wie Schnaps*
	schnauben	*Luft durch Nase und Mund ausstoßen (als Zeichen von Wut)*
das	**Schneidebrett, -er**	*Brett aus Holz oder Plastik, auf dem man Lebensmittel schneidet*
	schnippisch	*kurz angebunden, frech*
sich	**schonen**	*sich nach einer Krankheit nicht zu sehr anstrengen*
der	**Schoß, Schöße (von sitzenden Personen)**	*Bereich der Oberschenkel*
	schummrig	*nicht sehr hell*
	schütten	*gießen*
der	**Schwachsinn**	*Unsinn, Quatsch, Nonsens*
jmdm.	**wird schwarz vor Augen (idiom.)**	*jmd. wird ohnmächtig, jmd. fällt um*
der	**Schweiß**	*Flüssigkeit, die der Körper abgibt, wenn man Angst hat*
	schwenken	*hin- und herbewegen*
der	**Schwesternruf, -e**	*Klingel, die man im Krankenhaus drückt, um eine Krankenschwester zu rufen*
jmdm.	**wird schwindelig**	*jmd. hat das Gefühl, dass sich alles um ihn herum dreht*
jmdm. etw.	**(Akk.) schwören**	*jmdm. etw. fest versprechen*
	seelenruhig	*sehr ruhig*
	seelenverwandt	*ähnlich in Gedanken und Gefühlen*
die	**Seepromenade, -n**	*Spazierweg an einem See mit schöner Aussicht*
die	**Sehnsucht, -süchte**	*großer Wunsch, etw., das einem sehr viel bedeutet, wiederzusehen*
	seine Aussage zu Protokoll geben	*seine Sicht der Dinge darstellen, damit diese aufgeschrieben wird*
	seine Wut an jmdm. auslassen	*unfair zu jmdm. sein, weil man wütend ist*
	seinen gewohnten Gang gehen	*so wie immer sein*
	seinen Verletzungen erliegen	*an seinen Verletzungen sterben*
	seufzen	*laut Luft ausstoßen*
	sickern	*langsam durch kleine Löcher in etw. hinein- oder aus etw. herauskommen, meist von Flüssigkeiten*
jmdm. etw.	**(Akk.) signalisieren**	*jmdn. auf etw. (Akk.) hinweisen*
	sogleich	*sofort*
das	**Sondereinsatzkommando, -s (SEK)**	*militärisch ausgebildete Polizisten, die bei Geiselnahmen gerufen werden*
	sozial engagiert sein	*ohne Lohn für soziale Einrichtungen arbeiten*
der	**Spalt, -e**	*kleine Lücke, Ritze*
	spinnen (ugs.)	*verrückt sein*
die	**Spurensicherung, -en**	*polizeiliche Suche und Katalogisierung von Spuren; Polizeiabteilung, die sich mit der Spurensicherung beschäftigt*
	stammeln	*mit vielen Pausen und sehr undeutlich und stockend sprechen*
	starr	*unbeweglich*
	starren	*unbeweglich schauen*
die	**stationäre Therapie**	*längere Behandlung in einer Klinik*
etw.	**steht jmdm. frei**	*jmd. kann sich frei für oder gegen etw. (Akk.) entscheiden*
das	**Steuer, -**	*(hier:) Lenkrad, mit dem der Fahrer ein Auto lenkt*

die	**Stichelei, -en**	*Gerede, mit dem sich andere über jmdn. lustig machen*
etw. (Akk.)	**still über sich ergehen lassen**	*etw. (Akk.) still und ohne sich zu wehren ertragen*
	stillgelegt	*nicht in Betrieb*
die	**Stimme erheben**	*laut werden, schreien*
jmdm.	**stockt der Atem**	*jmd. bekommt vor Schreck kurz keine Luft*
	stöhnen	*einen lang gezogenen Laut von sich geben (hier: vor Schmerzen)*
	stolpern	*die Füße so schlecht setzen, dass man hinfällt*
der	**Störenfried, -e**	*jmd., der den gewohnten ruhigen Ablauf stört*
	störrisch	*mit einem sehr starken Willen, kompromisslos*
der	**Stoß, Stöße**	*Schlag*
	stottern	*mit vielen Pausen sprechen und dabei einzelne Laute wiederholen*
	strahlend blau	*ganz blau, ohne eine Wolke*
der	**strahlende Sonnenschein**	*sehr schöner Sonnenschein*
	stromaufwärts	*gegen die Fließrichtung des Wassers*
etw. (Akk.)	**stürmen**	*sich Zutritt zu etw. (Dat.) verschaffen*
jmdn.	**stürmisch umarmen**	*jmdn. spontan sehr fest umarmen*
	stutzen	*plötzlich etwas Ungewöhnliches bemerken*
	stutzig	*verwundert und vorsichtig*
die	**Suche bundesweit ausdehnen**	*in ganz Deutschland suchen*
	surren (von technischen Geräten)	*ein leises Geräusch machen, etwa „sss"*
jmdn.	**suspendieren**	*jmdn. zeitweilig von der der Arbeit beurlauben*
	tapsen	*unsicher gehen*
der	**Tatort, -e**	*Ort, an dem ein Verbrechen begangen wurde*
	taumeln	*auf unsicheren Beinen gehen, fast hinfallen*
etw. (Akk.)	**tönen (Haare, Glasscheibe)**	*etw. (Akk.) färben*
die	**Tram, -s (Schweizerisch)**	*Straßenbahn*
etw. (Akk.)	**tränken**	*etw. (Akk.) mit einer Flüssigkeit ganz und gar nass machen*
der	**Tresor, -e**	*Schrank oder Raum, in dem Geld oder Schmuck gelagert wird*
der	**Türspion, -e**	*kleines Loch in der Tür, durch das man sehen kann, wer davor steht*
	tuscheln	*leise sagen, flüstern*
	über alle Berge sein (ugs., idiom.)	*weit weg sein, geflohen sein*
	über Bord	*über die Reling*
jmdn.	**über den Haufen schießen (ugs.)**	*jmdn. erschießen*
sich	**über jmdn. lustig machen**	*über jmdn. lachen*
sich (Dat.)	**etw. (Akk.) überstreifen**	*sich (Dat.) etw. (Akk.) anziehen*
jmdn.	**überwachen**	*jmdn. genau verfolgen oder beobachten*
jmdn.	**überwältigen**	*jmdn. mit Gewalt/in einem Kampf zu Boden drücken*
	um keinen Preis	*auf keinen Fall*
	umkippen	*umfallen (infolge eines Schocks oder einer Krankheit)*
der	**Umriss, -e**	*Linie, Kontur einer Person oder eines Objektes*
	umschlagen (Wetter)	*sich völlig verändern*
die	**Unabhängigkeit**	*Zustand, in dem jmd. seine eigenen Entscheidungen trifft*
die	**Unannehmlichkeit, -en**	*unangenehme, schwierige Situation*
	unbekümmert	*ohne sich Sorgen zu machen, sorglos*
	unberechenbar	*schwer einzuschätzen, schwer vorherzusehen*
	ungehalten	*sehr wütend, ohne Kontrolle über seinen Zorn*

etw. (Akk.)	**unterdrücken**	*eine spontane Handlung (wie z. B. ein Gähnen) verhindern*
	unterirdisch	*unter der Erde*
die	**Unterlegenheit**	*Schwäche im Vergleich zu jmd. anderem*
	untertauchen	*(hier:) sich verstecken*
	vehement	*kategorisch, absolut*
jmdn.	**verarschen (ugs., sal.)**	*jmdm. bewusst nicht die Wahrheit sagen*
etw. (Akk.)	**verbergen**	*etw. (Akk.) verstecken*
	verbluten	*sterben, weil man zu viel Blut verloren hat.*
	verdutzt	*erstaunt, überrascht*
	verfliegen	*weggehen, aufhören*
sich	**vergewissern**	*prüfen, nachsehen*
	vergraben	*(hier:) verstecken*
jmdn.	**vergraulen**	*jmdn. so ärgern, dass er geht*
das	**Verhörzimmer, -**	*Zimmer zur Befragung von Verdächtigen bei der Polizei*
sich (Dat.)	**etw. (Akk.) verkneifen**	*etw. (Akk.) unterdrücken*
das	**Verlangen**	*starker Wunsch*
	verlauten lassen	*bekannt geben, sagen, äußern*
	verlegen	*unsicher*
	verneinen	*‚nein' sagen, ablehnen*
die	**Vernunft**	*rationale Überlegungen*
	Verpiss dich! (ugs. vulg.)	*Hau ab!*
etw. (Akk.)	**verrichten**	*etw. (Akk.) tun, machen*
etw. (Akk.)	**verschlingen**	*(hier:) etw. (Akk.) schnell fressen*
	verschwimmen	*unklar, unscharf werden*
	verstellt	*künstlich hoch oder tief*
	verüben	*tun, ausführen*
	verurteilen	*vor Gericht ein Urteil sprechen, das zu einer Strafe führt*
die	**Verwechslung, -en**	*Missverständnis, Irrtum*
	verwundbar	*leicht zu verletzen, angreifbar*
das	**Visier, -e**	*kleines Fenster mit Zielscheibe an Schusswaffen*
	völlig außer sich	*ohne Kontrolle über sein Verhalten*
	von der Schule abgehen	*die Schule ohne Abschluss verlassen*
sich	**von etw. (Dat.) nicht beeindrucken lassen**	*sich durch etw. (Akk.) nicht stören lassen*
	von etw. Wind kriegen (ugs., idiom)	*etw. erfahren*
	vor sich hinstarren	*unbeweglich geradeaus schauen*
sich	**vorkommen**	*sich fühlen*
	vorsichtshalber	*aus Vorsicht, zur Sicherheit*
die	**Vorstrafe, -n**	*bereits früher durch ein Gericht verhängte Strafe*
	vorübergehend	*für kurze Zeit*
die	**Vorwarnung, -en**	*rechtzeitige Warnung*
jmdm. etw.	**(Akk.) vorwerfen**	*jmdm. sagen, dass er etw. (Akk.) falsch gemacht hat*
	wackelig	*unsicher, zitternd*
	währen	*dauern, halten*
die	**Wartezelle, -n**	*kleiner Raum, in dem die Verdächtigen zwischen den einzelnen Phasen eines Verhörs warten*
	wegkriechen	*sich auf allen Vieren oder dem Bauch wegbewegen*
sich	**wehren**	*kämpfen, wenn man angegriffen wird*
	wehrlos	*unfähig zu kämpfen*
sich	**weigern**	*erklären, dass man etw. nicht tun will*
	weiterplappern	*weiter viel und Unwichtiges reden*
	widerstandslos	*ohne jeden Kampf*
	widerstrebend	*langsam, weil man nicht überzeugt ist*
	widerwillig	*(hier:) gegen seinen Willen*

	wie angewurzelt	*ohne sich zu bewegen, vor Verwunderung oder Schreck*
	wimmern	*leise und hilflos weinen*
	wissen wie der Laden läuft (ugs.)	*wissen wie etw. funktioniert*
der	**Witzbold, -e (ugs.)**	*Idiot*
	witzeln	*Spaß machen, nicht ganz ernst sagen*
der	**Wohlstand**	*Leben in materieller Sicherheit*
die	**Wucht**	*Kraft bei einem Stoß oder Schlag*
jmdn.	**würgen**	*jmds. Hals mit beiden Händen umfassen und zudrücken*
	wuschelig (Haare)	*dicht und oft etwas unordentlich*
der	**Wutanfall, -anfälle**	*plötzliche, starke Wut*
	zappeln	*sich stark mit dem ganzen Körper bewegen*
	Zeit schinden	*absichtlich langsam machen, um Zeit zu gewinnen*
jmdn.	**zerren**	*jmdn. mühsam oder mit Gewalt ziehen*
	zersplittern (Glas)	*in viele kleine Stücke zerbrechen*
	zielstrebig	*nur an Ergebnissen interessiert, fleißig*
	zivilisiert	*höflich, kultiviert*
	zögern	*unentschlossen sein*
	zögernd	*nach einigem Nachdenken und ohne Überzeugung*
jmdn.	**zu Boden ringen**	*so mit jmdm. kämpfen, dass er nachher am Boden liegt*
jmdn.	**zu etw. (Dat.) ermutigen**	*jmdn. motivieren, etw. (Akk.) zu tun, jmdm. gut zureden, etw. (Akk.) zu tun*
etw. (Akk.)	**zu Protokoll geben**	*etw. (Akk.) erzählen, damit es aufgeschrieben wird*
	zu sich (Dat.) kommen	*aus einer Ohnmacht aufwachen*
etw. (Akk.)	**zücken**	*etw. (Akk.) herausziehen*
jmdm. etw.	**(Akk.) zuflüstern**	*leise etw. (Akk.) zu jmdm. sagen*
der	**Zugangscode, -s**	*Passwort (aus Zahlen und Buchstaben), mit dem man sich einloggt*
sich	**zum Gehen wenden**	*gehen wollen*
jmdm.	**zum Verwechseln ähnlich sehen**	*jmdm. sehr ähnlich sehen*
jmdn.	**zur Rede stellen**	*jmdn. anklagen und Erklärungen erwarten*
sich	**zur Ruhe setzen**	*in Rente gehen, aufhören zu arbeiten*
	zur Stelle sein	*da sein, bereit sein*
jmdn.	**zurechtweisen**	*jmdn. mit strengen Worten kritisieren*
	zurückblaffen (ugs.)	*unfreundlich und laut antworten*
sich	**zurücklehnen**	*den Oberkörper zurücknehmen, so dass der Rücken den Stuhl berührt*
	zurücktaumeln	*auf unsicheren Beinen nach hinten gehen*
	zurückweichen	*rückwärtsgehen*
	zusammenbrechen	*stürzen, zu Boden sinken*
	zusammenfahren	*sich stark erschrecken*
sich	**zusammenkauern**	*die Knie an den Körper ziehen und den Kopf auf die Brust senken*
sich	**zusammenreißen**	*seine Gefühle, Mimik und Gestik kontrollieren*
jmdn.	**zusammenschlagen**	*jmdm. viele brutale Schläge verpassen*
	zusammenzucken	*sich erschrecken*
	zuschlagen	*(hier:) aktiv werden*
sich	**zuschnüren**	*enger werden*
jmdm.	**zusetzen**	*jmdn. fertigmachen, jmdn. stressen*